옛그림학교 1

김홍도의 풍속화로 배우는
옛사람들의 삶

옛그림 학교 1

김홍도의 풍속화로 배우는
옛사람들의 삶

최석조 지음

아트북스

입학식

반갑습니다. '옛 그림 학교'에 오신 여러분을 진심으로 환영합니다.

이곳은 옛 그림을 보고 '읽는' 학교입니다. 읽는다니, 옛 그림이 무슨 책이냐고요? 물론 그림은 책과 다릅니다. 하지만 한 점의 그림 속에는 한 권의 책 못지않은 이야기가 들었지요. 그 이야기를 읽어 낸다는 말입니다. 책을 읽으면 독서(讀書), 그림을 읽으면 독화(讀畵)가 되는 거지요.

옛 분들이 남긴 그림은 아주 많습니다. 이걸 며칠 만에 다 읽어내는 건 불가능합니다. 그래서 우리 옛 그림 학교에서는 하나의 주제를 정해놓고 2박 3일 동안 집중 탐구를 하지요. 이번에 우리가 읽어볼 그림은 조선시대 화가 단원 김홍도의 『단원풍속화첩』에 들어 있는 그림들입니다.

김홍도는 풍속화의 거장으로 잘 알려져 있습니다. 사실 다른 훌륭한 그림도 많이 그렸는데 사람들은 풍속화가로만 여기지요. 바로 『단원풍속화첩』 때문입니다.

『단원풍속화첩』은 김홍도의 풍속화를 모아놓은 그림책입니다. 지금 국립중앙박물관에 소장돼 있으며 보물527호이기도 합니다. 여기에는 25점의 풍속화가 들었지요. 이 그림들은 매우 쉽고, 재미있고, 사실적으로 그려졌습니다. 여러분 눈에도 낯설지 않을 겁니다. 교과서에도 많이 나오니까요.

하지만 여러분은 겉핥기로 보았을지도 몰라요. 그 속에 많은 이야기가 담겼는데도 말입니다. 대충 보았다는 말은 보지 않았다는 말과도 같습니다. 이번 기회에 『단원풍속화첩』의 모든 그림을 샅샅이 읽어보기 바랍니다. 그렇다고 너무 부담스러워 할 필요는 없습니다. 워낙 재미있는 그림들이니까요. 옛 분들이 찍어 놓은 사진을 본다고 생각하면 편하겠지요.

한 장 한 장 화첩을 넘기다보면 그림 속의 사람들이 말을 걸어올 겁니다. 그림 속 조상님들과 이야기를 나누다보면 그분들의 넉넉한 마음이 가슴으로 전해집니다. 옛 분들과 친구가 되는 거지요. 비록 2박 3일의 짧은 일정이지만 소중한 시간이 되었으면 합니다!

차례

입학식 ∷ 4

첫째 날 | 옛 그림과 친해지기

제1교시 🎵 찬찬히, 그리고 사랑스런 눈길로 「그림 감상」 ∷ 10
　　　　{ 우리도 해봐요 • 우리 옛 그림 감상법 } ∷ 16

제2교시 🎵 가마솥의 누룽지 박박 긁어서 「서당」 ∷ 17
　　　　{ 이렇게 달랐어요 • 옛날 학교와 지금 학교 } ∷ 26

◈ 신나는 중간놀이 | 고단함을 날리는 틈새놀이 「고누」 ∷ 27

제3교시 🎵 금강산도 식후경 「새참」, 「주막」, 「고기잡이」 ∷ 34
　　　　{ 이것이 궁금해요 • 우리 민족은 왜 쌀밥을 먹게 되었을까 } ∷ 50

제4교시 🎵 으라차차차! 넘어간다 「씨름」 ∷ 51
　　　　{ 더 알아봐요 • 단오의 유래와 풍속 } ∷ 64

◈ 보충학습 | 옛 그림, 어떤 종류가 있을까 ∷ 65

둘째 날 | 옛 그림과 얘기하기

제1교시 땀 흘리는 즐거움 「기와이기」「타작」 ::72
{ 더 알아봐요 • 지주와 소작농의 관계 } ::84

제2교시 일그러진 양반들의 초상 「빨래터」「나들이」「우물가」 ::85
{ 어떤 사람일까요 • 여인들을 그리다가 도화서에서 쫓겨난 신윤복 } ::99

◈ 신나는 중간놀이 | 몸과 마음을 두루 닦다 「활쏘기」 ::100

제3교시 역사 퍼즐 맞추기 「시주」「자리 짜기」「담배 썰기」 ::107
{ 더 알아봐요 • 정조 시대의 변화 } ::120

제4교시 웃는 소의 비밀 「쟁기질」 ::121
{ 더 알아봐요 • 절기별 농사일 } ::131

◈ 보충학습 | 옛 그림, 누가 그렸을까 ::132

셋째 날 | 옛 그림과 하나 되기

제1교시 콧노래가 흥얼흥얼, 어깨춤이 들썩들썩 「무동」 ::138
{ 어떤 사람일까요 • 음악을 사랑한 화가 김홍도 } ::148

제2교시 말없이 빛내주는 말 「말 탄 사람들」「신행」「나룻배」 ::149
{ 이렇게 달랐어요 • 옛 사람들에게 중요했던 일생의 행사, 관혼상제 } ::164

◈ 신나는 중간놀이 | 엄마, 이제 같이 놀아 주세요 「길쌈」 ::165

제3교시 쌍둥이? 같은 듯 다른 하나 「대장간」「편자 박기」「행상」 ::172
{ 이것이 궁금해요 • 또 하나의 이름, 호 } ::188
{ 어떻게 살았을까요 • 장돌뱅이의 삶 } ::190

제4교시 『단원풍속화첩』과 김홍도 ::191
{ 더 알아봐요 • 김홍도와 정조 임금 } ::201

◈ 보충학습 | 「군선도」에는 어떤 의미가 담겼을까 ::203

졸업식 ::206

첫째 날

옛 그림과 친해지기

제1교시

찬찬히, 그리고 사랑스런 눈길로

「그림 감상」

첫날 첫 시간이군요. 여러분의 또랑또랑한 눈매를 보니 기쁘기 그지없습니다. 그런 눈빛이라면 못 읽어낼 그림도 없겠지요. 선생님이 강의를 다니다 보면 이런 저런 질문을 많이 받습니다. 가장 많은 질문이 뭘까요? '어떻게 하면 우리 옛 그림을 잘 감상할 수 있느냐' 라는 질문이지요. 여러분이라면 어떻게 대답하겠어요?

그림 감상에는 왕도가 없습니다. 찬찬히, 그리고 사랑스런 눈길로 들여다보는 수밖에 없지요. 그러다보면 자연스레 그림이 눈 안에 들어옵니다. 그림 속의 이야기가 재미있는 책처럼 술술 읽히는 겁니다.

어렵다고요? 천만에요. 조금만 애써보세요. 누구나 다 할 수 있는 일입니다. 그래도 막막하다고요? 그럼, 본보기 작품을 하나 소개하겠습니다. 우리처럼 그림을 감상하는 그림이에요. 첫 시간이니만큼 가벼운 마음으로 보기 바랍니다. 시합 전에 몸을 푸는 운동선수처럼 말이지요.

「그림 감상」, 종이에 담채, 27.0×22.7cm, 『단원풍속화첩』에 수록, 국립중앙박물관(중박 200810-381)

 무엇을 볼까요?

선비들은 무엇을 하고 있을까요

「그림 감상」은 원형구도의 그림입니다.

이 작품은 제목부터가 「그림 감상」입니다. 물론 『단원풍속화첩』에 있는 그림이지요. 여러분이 감상할 첫 번째 작품이기도 하고, 감상 태도를 일러주는 작품이기도 합니다. 함께 들여다볼까요.

커다란 그림 한 점을 가운데 두고 일곱 명의 선비들이 빙 둘러섰습니다. 둘러선 선비들을 따라 마음속으로 선을 그려보세요. 둥근 모양이 되지요? 이렇게 그림에서 사람이나 물건이 놓인 모양새를 '구도'라고 합니다. 그러니까 이 그림은 원형구도가 되겠지요? 앞으로도 이런 구도가 자주 나오니 눈여겨 봐두기 바랍니다.

선비들 표정이 사뭇 진지합니다. 또랑또랑한 눈으로 그림 속에 담긴 이야기를 읽어 내는 중이지요. 행동도 신중합니다. 행여 작품이 망가질까 봐 조심스럽게 받쳐 들었잖아요. 하나라도 빠뜨리지 않고 보겠다는 각오도 엿보입니다. 몸을 그림 쪽으로 살며시 기울였거든요. 배우는 사람들의 기본자세이지요.

> **선비들이 보고 있는 것, 그림과 글씨 '시서화'**
>
> 시서화(詩書畫)는 선비들이라면 꼭 갖춰야 할 필수 교양으로 시는 글짓기, 서는 글쓰기, 화는 그림 그리기를 말합니다. 시서화는 각각 다른 작품일 수도 있고 한곳에 함께 어우러지기도 하지요. 시서화에 모두 뛰어난 사람을 삼절(三絕)이라고 불렀답니다. 김홍도와 그의 스승 강세황, 그리고 추사체라는 글씨로 유명한 김정희는 모두 뛰어난 삼절로 알려져 있습니다.

사실 종이 위에 무엇이 그려져 있는지는 알 수 없습니다. 그림일 수도, 글씨일 수도 있습니다. 그림과 글씨가 함께 어우러졌을 수도 있지요. 이건 문제가 되지 않습니다. 그림이든 글씨이든 여기에 담긴 뜻과 아름다움을 읽어내는 게 중요하니까요. 이런 능력은 선비들에게 꼭 필요한 교양이었습니다.

선생님이 그림 감상법에 대해 이야기하고 계세요.

정면에 보이는 분이 선생님입니다. 옷차림이 반듯하고 수염도 가지런하며 무엇보다 눈빛이 반짝반짝 빛납니다. 선생님다운 위엄이 넘치지요. 나랑 닮았다고요? 하하, 가끔 그런 소리를 듣긴 하시요.

사실 이 그림은 좀 단순합니다. 내용도 밋밋하고 재미있는 장면도 없잖아요. 자칫 보는 사람이 지루해질 염려가 있습니다. 김홍도는 어떻게 해결했을까요. 그렇습니다. 사람들의 모습을 아주 다양하게 표현했군요. 앞모습은 물론 뒷모습, 옆모습 등 가지각색으로 그렸잖아요. 사람들을 그려낸 솜씨가 능수능란합니다. 평소에 꾸준히 관찰하고 수없이 그려본 덕분이겠지요.

얼굴을
부채로 가린 건
수줍어서 일까요?

무엇을 볼까요?

부채로 얼굴을 가린 까닭은 무엇일까요

어, 그런데 특이한 사람이 한 명 보이는군요. 혼자서만 부채로 얼굴을 가렸습니다. 수줍음을 많이 타서 그런 걸까요.

이 선비가 부채를 든 데는 깊은 뜻이 있습니다. 행여 작품에 침이라도 튈까 봐 그런 거예요. 자칫하다 침방울이 튀어서 먹이 번지면 작품을 망쳐버리니까요. 마치 귀중한 보물을 다루듯 하고 있지요? 부채로 입을 가렸으니 지금은 이 사람이 말하는 중이겠지요. 이렇게 서로 돌아가며 한마디씩 그림에 대해 이야기하다보면 자신이 미처 생각하지 못한 사실도 알게 되는 겁니다.

자, 어떻습니까. 단순한 그림이지만 읽을거리가 제법 많지요? 등장인물의 성격이나 태도까지 엿볼 수 있습니다. 앞으로는 여러분이 이걸 읽어내는 겁니다. 이젠 한 번 해볼 만하다고요?

네, 이런 자신감도 매우 중요하지요. 덧붙여서 그림을 대하는 진지한 마음, 귀한 보물처럼 아끼는 태도, 그리고 느낀 점을 서로 나누는 자세도 필요합니다. 이 그림에 그렇게 씌어 있군요. 여러분도 이 선비들처럼 하면 됩니다. 혼자보다는 여럿이, 짧은 시간보다는 오래도록 들여다보면 더 좋습니다. 사랑스런 눈길로 보다보면 어느새 그림이

내 눈 안에 쏙 들어와 있다는 걸 느끼게 될 겁니다.

여기 교실에는 우리가 읽어야 할 『단원풍속화첩』 속의 스물다섯 작품이 모두 걸려 있습니다. 우리는 사흘 동안, 한 시간에 한 점 혹은 두세 점씩 읽어나갈 겁니다. 빠듯한 시간이지만 진지한 마음으로 봐주기 바랍니다. 잘 모르는 점이 있어도 끈기를 갖고 스스로 읽어보고요. 그래도 모르겠다면 선생님에게 물어보기 바랍니다. 최선을 다해 도와줄 테니까요.

잠시 쉬었다가 2교시를 시작하겠습니다.

 우리도 해봐요

우리 옛 그림 감상법

우리 옛 그림은 서양화와 다른 점이 많아요. 그림만 있는 서양화와는 달리 글, 글씨, 그림이 한데 어우러져 있으며 화려한 색깔보다는 먹을 주로 사용하여 은은한 멋을 풍기지요. 그러니까 감상하는 방법도 달라야겠죠?

우리 그림을 보는 순서는 서양화와 반대입니다. 옛날에는 그림은 물론 글씨도 오른쪽에서 왼쪽 아래 방향으로 써나갔기 때문이에요. 따라서 오른쪽 위에서부터 왼쪽 아래 방향(╱)으로 보는 것이 좋습니다. 감상 거리는 작품 대각선 길이의 1.5배 정도가 알맞아요. 예를 들어 작품 대각선의 길이가 80센티미터라면 80×1.5, 그러니까 1미터 20센티미터 정도 떨어져서 보는 것입니다. 왜 그렇게 하는 게 좋을까요? 그래야 그림이 한눈에 들어오거든요.

사실 옛 그림이 전시된 곳은 좀 어둡습니다. 밝은 빛이 작품을 망가뜨리기 때문에 일부러 어둡게 한 것이죠. 그러니 자세히 봐야 할 곳은 아주 가까이 다가가서 보고, 멀리 떨어져 전체를 볼 필요도 있어요. 필요에 따라 전시관에서 파는 잘 나온 도판을 구해다가 참고하는 것도 좋아요. 주의! 작품에 손을 대어서는 절대로 안 되겠죠?

옛 그림이 많이 전시된 곳으로는 국립중앙박물관, 리움미술관, 간송미술관 같은 곳이 유명합니다. 틈나는 대로 자주 가서 보다 보면 틀림없이 눈이 밝아지게 됩니다. 학교 숙제 때문에 해설문을 통째로 베끼다가 정작 작품은 제대로 보지 못하는 친구들이 많은데, 해설문은 참고만 하고 자신의 느낌대로 보고 말하는 것이 중요해요. 주의! 미술관 안에서는 뛰어다니거나 큰 소리로 떠들어서는 안 된다는 사실, 꼭 명심하길!

제2교시

가마솥의 누룽지 박박 긁어서

「서당」

첫 시간이 너무 진지했나요? 다들 잔뜩 긴장한 모습이군요. 으음, 너무 긴장해도 그림이 눈에 잘 안 들어오는데. 그렇다면 선생님이 노래 한 곡 불러 볼게요. 여러분의 긴장을 풀어주려고요.

♪ 하늘 천 따지 가마솥에 누룽지 박박 긁어서
우리는 은주가래 훈장님은 똥주가래 ♪

어디서 들어본 소리라고요? 그렇습니다. 옛날 아이들이 장난 삼아 천자문을 외던 소리입니다. 원래는 "하늘천 따지 검을현 누를황……" 이렇게 읽어야 하는데, 공부에 싫증난 아이들이 '검을현 누를황' 대신 소리가 비슷한 '가마솥에 누룽지'로 바꿔 읽었지요. 여러분도 공부만 하고 있으면 지루하지요? 그러니 이런 장난이 나올 만도 하지요.

이 노래가 들리던 곳이 바로 서당입니다. 이번 시간에 읽어볼 그림도 「서당」이지요. 아주 재미있는 작품입니다. 한 손으로 배를 꼭 잡고 보세요. 잘못하면 배꼽이 빠질지도 모르니까요.

「서당」, 종이에 담채, 27.0×22.7cm, 『단원풍속화첩』에 수록, 국립중앙박물관(중박 200810-381)

 무엇을 볼까요?
꾸불꾸불한 옷 선은 어떤 의미일까요

서당은 지금의 초등학교와 비슷한 곳입니다. 예나 지금이나 학교에서 혼나는 친구는 꼭 있더군요. 가운데 앉은 아이처럼 말입니다. 저런, 울기까지 하네요. 종아리를 맞았나 봅니다. 오른손으로 대님을 묶는 중이잖아요. 축 처진 눈썹이 몹시 안쓰럽습니다.

아이의 옷 선도 잘 보세요. 아주 꼬불꼬불하지요. 화가는 선 하나에도 의미를 담으려고 애씁니다. 그걸 찾아서 읽어내야 합니다. 이 꼬불꼬불한 옷 선은 어떤 의미를 갖고 있을까요?

그렇지요. 서럽게 우는 모습을 표현한 겁니다. 서럽게 울 때는 어깨까지 들썩이고, 어깨가 들썩이면 옷자락도 흔들리게 되니까요. 화가는 옷 선에다 우는 아이의 마음을 절묘하게 담았습니다.

그런데 이상하군요. 누가 매를 맞으면 분위기가 살벌해야 하잖아요. 그런데 전혀 그런 분위기가 아닙니다. 모두 배꼽이 떨어져라 웃고 있습니다. 어찌 된 영문일까요. 자, 계속 보겠습니다.

뒤쪽에는 훈장님이 앉았습니다. 단정한 옷차림에 위엄이 엿보입니다. 모름지기 훈장님이라면 저 정도는 되어야겠죠. 그런데 머리를 자

화가는 왜 옷 선을 꼬불꼬불하게 그렸을까요?

훈장님이
우습게 생겼어요!

세히 보세요. 사방건 양반들이 실내에서 쓰는 네모반듯한 모자 속에 살짝 비치는 머리, 틀림없는 대머리입니다. 몇 올 안 되는 머리털을 끌어 모아 상투를 틀었지만 코딱지만큼 조그맣습니다. 옆머리와 수염도 덥수룩합니다. 양쪽 볼도 볼록 튀어 나왔네요. 가장 엄숙해야 할 훈장님을 이렇게 우습게 그리다니! 다 이유가 있겠지요.

매 맞을 아이가 또 있습니다. 아하, 눈치 챘다고요? 그렇습니다. 그림 오른쪽을 자세히 보세요. 다들 웃고 있는데 혼자만 고개 숙이고 책을 보는 아이가 있잖아요. 다음이 자기 차례인가 봅니다. 긴장한 표정으로 허둥지둥 책을 보는 모습이 오히려 웃음을 자아냅니다. 진작 숙제를 해왔으면 이렇게 서두르지 않아도 될 텐데요.

화가의 재치가 돋보이는 장면이 또 있습니다. 맨 아래쪽 뒷모습만 보이는 아이입니다. 체구가 가장 작은 걸 보니 막내 같군요. 이 아이의 옷자락을 잘 보세요. 어깨선이 꾸불꾸불합니다. 이번에는 킥킥거리는 모습을 표현한 겁니다. 여러분도 따라 웃어보세요. 온몸이 저렇게 들썩거릴 테니까요. 매 맞는 형의 모습이 우스웠나 봅니다. 막내의 표정은 안

훈장님이
지목할까 봐
조마조마합니다.

봐도 뻔하지요. 기막힌 표현입니다. '역시 김홍도'라는 찬사가 절로 나옵니다. 이렇게 세심한 곳에까지 신경을 쓰니 그림이 살아 있는 듯 생동감이 넘치잖아요.

도저히 웃음을 참을 수가 없어요!

 무엇을 볼까요?

왜 아이들은 두 편으로 나뉘어 앉았을까요

우는 아이를 둘러싸고 사람들이 빙 둘러 앉았습니다. 「그림 감상」과 비슷한 모양이지요. 역시 원형구도군요. 김홍도는 이런 구도를 즐겨 사용했습니다. 안정된 느낌을 주면서도 다양한 표현을 할 수 있기 때문입니다.

오른쪽 끝에는 초립을 쓴 학생도 보이는군요. 초립은 나이 든 형들이 쓰는 모자입니다. 어쩐지 나이가 좀 들어 보이지요. 훈장님이 안 계시면 대신 훈장 노릇도 했을 겁니다. 그런데 이상한 점이 있습니다. 학생들이 두 편으로 딱 나뉘어 앉았거든요. 싸웠다고요? 그건 아닌 것 같아요. 다들 저렇게 웃고 있으니까요.

다시 한번 그림을 찬찬히 살펴보세요. 양쪽 아이들의 표정에 미묘한 차이가 있을 겁니다. 오른쪽에 앉은

> **'초립'이 뭘까요?**
>
> 초립은 누런 풀이나 대나무를 엮어 만든 갓으로 조선 초기에는 양반과 상민들이 함께 썼습니다. 나중에 양반들이 말의 갈기나 꼬리털('말총'이라고 해요)로 만든 검은 갓을 쓰게 되면서 초립은 패랭이와 함께 상민들만 쓰는 모자가 되었습니다. 초립은 성인식을 치른 소년들이 검은 갓을 쓰기 전까지 잠깐 쓰기도 해서 소년들을 '초립동'이라 부르기도 했답니다.

왼쪽에 앉은 아이들은 우는 아이를 도와주려 합니다.

아이들은 다들 입을 벌리고 크게 웃잖아요. 하지만 왼쪽 아이들은 입을 꽉 다문 채 웃고 있습니다. 웃음을 꾹 참는다는 말입니다. 행동도 특이합니다. 첫 번째 아이를 보세요. 손으로 뭔가 가리키잖아요. 혹시 답을 알려주려는 게 아닐까요. 옆에 아이는 책장을 뒤적거립니다. 역시 답을 찾아주려 하는 것 같습니다. 마지막 아이는 손으로 입을 살짝 가렸습니다. 마치 작은 소리로 답을 일러주는 듯합니다. 모두 웃고는 있지만 뭔가 도움을 주려는 듯한 기색이 역력합니다. 정말 이상합니다.

이 문제는 조선시대의 신분 제도를 생각해서 풀어야 합니다. 조선시대에는 양반과 상민이 따로 있었잖아요. 높은 벼슬은 소수의 양반들이 독점했고, 상민들은 농사를 짓거나 장사를 하며 살았지요. 먹고 살기에 바쁜 상민들이 언제 글공부를 했겠습니까. 글공부는 양반들의 전유물이었지요. 그런데 김홍도가 살던 시대부터 변화가 일어나기 시작했습니다. 상민들도 글공부를 시작한 거지요. 장사를 해서 부자가 된 상민들이 많이 생겼기 때문입니다. 먹고사는 문제를 해결했으니 다음 순서는 글공부를 통해 실력을 키우는 일이겠지요. 그래서 상민들도 서당 출입을 하게 된 겁니다.

그렇지만 양반과 상민이 함께 공부한다 해도 신분의 차별이 완전히 없어진 건 아닙니다. 공부는 모여 하지만 함께 섞여 앉을 수는 없는 노릇이지요. 그러니 따로 앉을 수밖에요. 왼쪽에 앉은 아이들이 상민, 오른쪽 아이들이 양반이지요. 옷차림을 보면 알 수 있습니다. 왼쪽 아이들은 짧은 저고리를 입었잖아요. 보통 상민들이 입는 옷이지요. 반면에 오른쪽 아이들 옷은 바닥까지 길게 늘어졌습니다. 양반들이 입는 옷입니다. 그럼, 우는 아이는 어느 쪽일까요? 당연히 상민이지요. 짧은 저고리를 입은 걸 보면 알 수 있어요. 그래서 왼쪽 아이들이 갖은 방법으로 도와주려는 겁니다. 같은 편이니까요.

오른쪽에 앉은 아이들은 양반 계급입니다.

재미있는 사실이 있습니다. 양쪽 아이들을 비교해 보세요. 어느 쪽이 더 똑똑해 보여요? 맞습니다. 김홍도는 왼쪽에 앉은 상민들을 훨씬 똑똑해 보이도록 그렸습니다. 『단원풍속화첩』에는 이런 장면이 많습니다. 나중에 다른 그림을 보면 알게 될 겁니다. 왜 그렇게 그렸냐고요?

당시 양반들은 글공부를 한

조선 시대의 신분제도
크게 나눠 네 개의 계급이 있었습니다.
양반 상류계급으로 유학을 공부한 후 과거 시험을 통해 벼슬을 하여 백성들을 다스렸습니다.
중인 양반 바로 아래 계급으로, 양반들이 꺼려하는 의술, 기술, 화원, 통역 같은 실무 일을 맡거나 관청에서 양반들을 도와 일을 했습니다.
상민 대다수의 백성들은 상민이었어요. 농업, 상업, 공업에 종사했고 세금을 내며 군대도 가야 했지요. 이들은 교육받을 기회가 거의 없었으며 사실상 벼슬길이 막혀 있었습니다.
천민 가장 낮은 계급으로 천민이 있었는데요, 노비를 말합니다. 광대, 백정, 악공 등 천한 일을 했으며 물건처럼 상속되거나 사고팔기도 했습니다.

다고 거드름 피우는 일이 많았습니다. 상민들을 못살게 굴기 일쑤였지요. 그런 양반들을 김홍도가 슬쩍 비꼰 겁니다. 이런 걸 풍자라고 하지요. 김홍도 역시 양반 출신이 아니었습니다. 그는 거드름 피우는 양반보다는 상민들의 건강한 삶을 더 사랑했는지도 모릅니다.

 무엇을 볼까요?

왜 원근법에 맞지 않게 그렸을까요

원근법이 뭔지 아는 사람 있나요? 원근법은 사물을 우리 눈이 보는 것처럼 그리는 방법이랍니다. 보통 멀리 있는 것은 작게, 가까이 있는 것은 크게 그려서 나타내지요. 그런데 이 그림은 전혀 원근법에 맞지 않습니다. 원근법에 따르면 맨 앞의 꼬마를 가장 크게, 맨 뒤쪽의 훈장님을 가장 작게 그려야 합니다. 하지만 앞쪽의 꼬마가 가장 작고 뒤로 갈수록 오히려 사람들이 커집니다.

김홍도 같이 뛰어난 화가가 왜 이렇게 그렸을까요? 이건 우리 옛 그림만의 특징입니다. 눈에 보이는 것보다는 마음을 중요하게 여겼으니까요. 우리 마음에는 아이는 작고 어른은 크다는 고정관념이 있습니다. 김홍도는 이걸 고려하여 그렸습니다. 우리가 보기에도 훨씬 자연스럽잖아요. 사람들이 김홍도의 그림을 좋아하는 이유에는 쉽고 재미있다는 점도 있지만 이렇듯 사람의 마음을 편안하게 해준다는 점도 빼놓을 수 없지요.

그런데 왼편에 앉은 맨 뒤쪽 아이는 작게 그렸다고요? 잘 보았습니다. 여긴 또 원근법에 맞게 그렸군요. 참, 알다가도 모를 일입니다. 그렇지만 다시 한번 생각해보세요. 작은 소리로 답을 일러주는 아이를 크게 그렸다면 금방 훈장님께 들키지 않겠어요? 여기서도 보는 사람 마음을 배려한 거예요.

앞쪽의 꼬마가
가장 작고
뒤쪽의 훈장님이
제일 크지요.

또 하나 생각해 볼 문제가 있습니다. 그림을 보는 사람에게 교훈을 주려 했다면 매를 맞고 있는 장면을 그렸겠지요. 그래야 무서워서라도 공부를 할 테니까요. 그런데 김홍도는 아이가 훈장님에게 매를 맞고 난 후를 그렸습니다. 매 맞는 장면은 일부러 피했지요. 더구나 이렇게 웃기게 그렸습니다. 왜 그랬을까요?

아마 김홍도는 살벌한 교훈보다는 즐거움을 주고 싶었나 봅니다. 매 맞는 장면은 보기에 불편잖아요. 하지만 「서당」에서는 그림 속의 사람들이 모두 웃고 있으니 보는 사람들도 웃지 않고는 배길 수 없는 노릇입니다.

이 그림뿐 아닙니다. 『단원풍속화첩』의 많은

> **웃음에도 차이가 있어요** '풍자'와 '해학'
>
> 해학은 익살스러운 행동이나 말을 뜻하며, 거기에 교훈까지 담겨 있으면 '골계(滑稽)'라고 합니다. 「서당」에서 매를 맞고 우는 아이의 모습에는 해학이 담겨 있지요.
> 풍자는 현실의 부정적인 모습이나 모순을 빗대어 웃으면서 꼬집는 걸 말합니다. 『단원풍속화첩』 중에서는 「빨래터」에 나오는 훔쳐보는 양반의 모습에서 풍자를 찾을 수 있어요. 양반들의 우스운 모습을 보여주면서 이중적인 생활을 꼬집어 놓았거든요.

작품들이 그렇습니다. 「씨름」이나 「무동」도 흥겹고 재미있으며, 「우물가」나 「빨래터」도 유쾌한 웃음을 자아냅니다. 이를 해학(諧謔)이라고 하지요. 옛 사람들은 이런 웃음을 즐겼습니다. 임금님조차도 도화서_{조선 시대에 그림에 관한 일을 맡아보던 관아} 시험에 "나를 웃길 수 있는 그림을 그려라"라는 문제를 냈다고 하는군요! 그러니 김홍도는 재미있는 장면을 생각하느라 얼마나 고민이 많았겠습니까. 덕분에 우리는 마음껏 웃고 있지만요.

 이렇게 달랐어요

옛날 학교와 지금 학교

옛날 서당은 지금의 초등학교입니다. 초등학교는 학년이 나뉘어 있지만 서당에는 그런 구분이 없었어요. 각자의 능력에 맞게 훈장님이 알맞은 내용을 가르쳤지요. 과목도 오늘날의 국어, 수학, 체육, 음악처럼 다양하지 않았고 주로 한자로 된 유교경전을 외우거나 쓰는 것이 전부였습니다. 요즘 초등학교는 나라에서 무료로 학생들을 가르치지만 서당에서는 가을에 추수를 한 후 쌀을 모아서 훈장님께 수업료로 드렸답니다. 일종의 사립학교였던 셈이지요.

숙제는 주로 외우거나 쓰는 걸 했는데, 훈장님이 잘 외우고 썼는지 확인해보고 그렇지 못한 경우에는 「서당」의 학생처럼 회초리를 때리기도 했지요. 스스로 해결할 수 있는 과제를 내어 주는 요즘 초등학교와는 많이 달랐어요. 초등학교에서는 성적표 대신 생활통지표를 나눠줍니다. 얼마 전까지만 해도 '수우미양가' 5등급으로 표시된 성적표가 있었지만 지금은 없어졌지요. 물론 서당에도 성적표가 있었어요. 역시 '대통·통·약·조·불'의 5등급으로 나뉘었는데 대통이 가장 좋은 점수였고 불은 낙제였습니다. 불을 받은 아이는 매를 맞거나 벌을 서기도 했습니다.

신나는 중간놀이

고단함을 날리는 틈새놀이
「고누」

우리 옛 그림 학교에서는 공부만 강요하지 않습니다. 너무 무리하면 몸에 해롭거든요. 틈날 때마다 한바탕 놀아줘야지요. 그래서 수업 중간에 노는 시간을 마련했습니다. 우리 학교의 자랑인 중간 놀이 시간이지요.

우리 학교는 노는 방법이 좀 다릅니다. 옛 그림 속에 나오는 놀이를 직접 해보거든요. 괜히 옛 그림 학교에 왔겠어요. 다들 그림 속에 나오는 놀이를 잘 배워두세요. 이따가 밖으로 나가서 한바탕 놀아볼 테니까요. 오늘 볼 그림은 「고누」입니다.

「고누」, 종이에 담채, 27.0×22.7cm, 『단원풍속화첩』에 수록, 국립중앙박물관(중박 200810-381)

 무엇을 볼까요?

고누놀이는 어떻게 하는 걸까요

옛날 아이들은 짬이 날 때 어떤 놀이를 했을까요? 물론 지금처럼 컴퓨터 게임을 하거나 MP3로 음악을 듣지는 않았지요. 무슨 재미로 살았냐고요? 걱정할 필요 없습니다. 나름대로 즐기던 놀이가 있었으니까요. 바로 이 그림, 「고누」에도 하나 있네요.

아이들이 땅바닥에 눌러앉아 뭔가 하고 있군요. 뒤에는 산더미 같은 나뭇짐을 세워두었습니다. 아하, 우리처럼 잠깐 쉬는 시간인가 보네요. 대체 무얼 하고 있을까요?

제목 그대로 고누놀이를 하는 중입니다. 땅바닥에 고누판을 그려놓고 말을 한 칸씩 움직여 상대 말을 꼼짝 못하게 가두면 이기는 놀이지요. '고니' '꼬니' '꼰' '꿘' 등 여러 이름으로 불리기도 합니다. 말을 사용한다는 점에서는 바둑이나 장기와도 비슷합니다. 그래서 한자로는 지기(地碁)라고도 가져다 씁니다. 땅에 두는 바둑이라는 뜻이지요. 말은 구하기 쉬운 걸 그냥 씁니다. 작은 돌멩이나 나뭇가지를 툭툭 꺾어 놓으면

옛 사람들의 놀이

투호놀이 마당에 귀가 달린 청동 항아리를 놓고 여러 사람이 두 편으로 갈라져 몇 걸음 떨어진 곳에서 항아리 속에 화살을 던져 넣는 놀이로, 화살을 많이 넣는 편이 이깁니다.

쌍륙놀이 두 개의 주사위를 굴려 나오는 수대로 판 위에 말을 움직여 먼저 나는 사람이 이기는 놀이입니다. 주사위 모두 6이 나와야 좋으므로 쌍륙이라 불렀는데 여자들이 즐겨했습니다.

승경도놀이 품계에 따른 벼슬 이름을 차례대로 적어 넣은 승경도 판에 5각이 지도록 깎은 나무알을 던져서 나온 글자에 따라 벼슬이 올라가거나 내려가는 놀이입니다. 최고 벼슬은 영의정이며 최하는 파직입니다.

칠교놀이 사방 10센티미터 정도의 나무판으로 만든 직각이등변삼각형 5개(대2, 중1, 소2), 정사각형 1개, 평행사변형 1개 등 모두 7개의 나무판을 이용하여 여러 가지 형태를 만드는 놀이입니다.

이밖에도 실외에서 하는 팽이치기, 자치기, 연날리기, 윷놀이, 비석치기, 바람개비 돌리기 등의 놀이가 있었습니다.

말이 되는 거지요.

종류도 참 많습니다. 우물고누, 곤질고누, 밭고누, 강고누, 네줄고누, 아홉줄고누, 호박고누, 사발고누, 패랭이고누, 왕고누 등등. 주로 말판의 모양에 따라 붙여진 이름이지요. 그림 속의 아이들은 가장 흔한 우물고누를 두고 있습니다.

아이들은
고누를
두고 있습니다.

무엇을 볼까요?

두 아이 중 과연 누가 이긴 걸까요

고누는 두 명이 둡니다. 맨 아래쪽 아이가 엄지와 집게손가락으로 말을 들었지요? 맞은편에 앞섶을 풀어헤친 아이가 상대랍니다. 두 사람이 붙었군요. 나머지 두 명은 훈수꾼이지요.

지금 말을 든 아이가 둘 차례입니다. 그런데 선뜻 놓지 못하고 있습니다. 왜냐고요? 상대방이 묘수를 두었기 때문이죠. 상대편 아이 생김새 좀 보세요. 커다란 덩치에 풀어헤친 가슴도 당당합니다. '이젠 끝이다'라는 듯 자신만만한 표정이지요. 오래 고민한 끝에 묘수를 두었나 봐요. 그제야 저린 다리를 쭉 뻗었습니다.

말을 든 아이는 난감합니다. 입을 벌리고 한숨을 쉬는군요. 옆에 앉은 녀석도 같은 편인가 봅니다. 튀어나온 광대뼈, 꽉 다문 입, 쪼그려 앉은 모습이 아주 심각합니다. 함께 고민하고 있는 거죠. 위기를 벗어날 수 있는 방법이 없을까요?

있습니다. 그게 뭐냐고요? 글쎄요. 그건 가운데 양다리를 끌어안은 아이에게 물어봐야 할 것 같은데요. 빙그레 웃는 모습이 묘수가 있다는 표정입니다. 하지만 가르쳐 줄 것 같지는 않습니다. 어느 편에도 붙어 있지 않잖아요.

놀이에 푹 빠진 네 아이들의 모습이 볼 만합니다. 화가가 놀이의 결정적인 순간을 잡아냈으니까요. 나중에 볼 「씨름」이라는 그림도 잘 살펴보세요. 그 그림도 마찬가지이거든요. 어느 순간을 그려야 가장 멋진 그림이 되는지 화가는 본능적으로 알고 있습니다.

화가는 왜 실수를 했을까요

그런데 화가는 실수를 했습니다. 잘못 그린 곳이 있거든요. 어딜까요? 찬찬히 봐야 찾을 수 있습니다. 그렇습니다. 말을 든 아이의 왼손을 잘못 그렸습니다. 엄지손가락이 반대쪽에 붙어야 하는데 그만……

왼손을 잘 보세요!

천하의 김홍도가 실수를 했을까요? 그럴 수도 있습니다. 옛날 우리 나라 화가들이 사람 몸을 그리는 데는 좀 서툴렀다니까요. 어떤 사람들은 이렇게 잘못 그린 손이 김홍도의 서명이라고도 합니다. 자신의 그림이라는 걸 표시하기 위해 일부러 그랬다는 거지요. 보는 사람들을 재미있게 해주려고 그랬다는 말도 있습니다. 마치 '숨은그림찾기'처럼 말이지요. 정말 왜 틀리게 그렸는지는 여러분도 한번 생각해보세요.

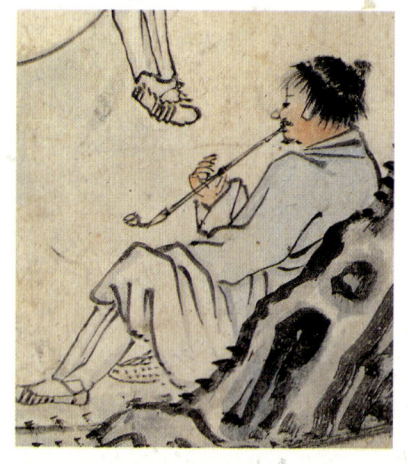

어르신은 나무에 기대 쉬고 있어요.

옆에 담뱃대를 문 어른이 아이들을 쳐다봅니다. 괜히 아이들 놀이에 참견하고 싶지 않아 소나무에 비스듬히 기대었군요. 그래도 조금은 관심이 있나 봅니다. 눈이 고누판을 향했잖아요. 담뱃대를 물고 지그시 바라보는 모습에 여유가 느껴집니다.

멀리서 지게 짐을 잔뜩 진 아이가 언덕을 돌아오고 있습니다. 엄청나게 많은 짐을 졌군요. 땅에 놓인 지게도 보세요. 이렇게 어린 아이들이 정말 저렇게 많은 짐을 질 수 있었을까요? 물론이죠.『단원풍속화첩』은 거짓말을 하지 않습니다.

나라마다 짐을 지는 방법은 각양각색이었어요. 머리에 이기, 어깨에 메기, 손에 들기, 목도하기 무거운 짐을 밧줄이나 밧줄에 매단 막대기로 어깨에 메고 옮기는 일, 이마에 끈을 걸어 메기 등등. 어떻게 짐을 드는 게 가장 효율

적일지 과학적으로 계산해보니 지게를 지는 방법이 최고라고 합니다. 이마에 끈을 매어 드는 방법보다 44퍼센트나 힘이 덜 든다고 하니까요. 그러니 저렇게 많은 짐을 질 수 있겠지요.

그래도 무겁습니다. 얼마쯤 걷다가 쉬어야 합니다. 뒤쳐진 친구들도 기다려야 합니다. 그때 비로소 고누를 두는 겁니다. 틈새를 잘 활용하면서도 친구들을 배려하는 놀이, 바로 고누의 매력입니다. 옛사람들의 넉넉한 마음이 느껴지지 않나요?

이제 여러분이 고누를 둘 차례입니다. 교실 안은 좀 답답하지요. 밖으로 나가 시원한 나무 그늘 아래 고누판을 벌여야 제 맛입니다. 모두들 나가볼까요?

짐이
어마어마 하네요!

제3교시

금강산도 식후경

「새참」「주막」「고기잡이」

'금강산도 식후경'이라는 말을 들어보았는지요. 아무리 좋은 볼거리라도 배가 부른 다음의 일이라는 뜻입니다. 먹는 일의 중요함을 강조한 말이지요.

그렇습니다. 지금도 그렇지만 옛날에도 먹는 일은 대단히 즐겁고 중요한 일이었습니다. 더구나 지금처럼 먹을거리가 많지 않던 때였습니다. 배불리 먹는 일이 소원인 사람도 많았겠지요. 김홍도가 이걸 놓칠 리 없습니다. 「새참」「주막」「고기잡이」까지, 『단원풍속화첩』에는 먹는 그림이 세 점이나 있습니다. 아무래도 이번 수업은 맛있는 시간이 될 것 같군요.

「새참」, 종이에 담채, 27.0×22.7cm, 『단원풍속화첩』에 수록, 국립중앙박물관(중박 200810-381)

 무엇을 볼까요?

밥그릇이 왜 저렇게 클까요

첫 번째 그림, 「새참」입니다. 새참은 '사이참'의 준말이지요. 끼니 외에 간식으로 먹는 음식을 말합니다.

벌거벗다시피 한 열 명의 사람들이 보입니다. 손마다 숟가락, 젓가락, 밥그릇, 물그릇이 들려 있습니다. 다들 정신없이 먹고 마시고 있네요. 되는 대로 앉은 것 같지만 잘 보면 어떤 질서가 있습니다. 이게 그림의 구도가 되는 거지요.

이 그림은 X자 구도입니다. 흔히 대각선 구도라고도 하지요. 이 구도는 운동감과 안정감을 동시에 보여줍니다. 원형구도와 더불어 김홍도가 가장 즐겨 사용한 구도입니다. 김홍도의 다른 작품도 보면 알겠지만 대각선 구도가 아주 많습니다.

찬찬히 그림을 뜯어보겠습니다. 가장 먼저 눈에 띄는 장면은 무엇입니까? 그렇지요. 맨 아래쪽, 아기 젖을 먹이는 엄마입니다. 저런! 앞섶을 다 풀어헤쳐 가슴이 활짝 드러났군요. 걱정 마세요. 우리 눈에는 보여도 뒤에 있는 남자들 눈에는 보이지 않으니까요. 보인다고 해도 창피해할 이유는 없습니다. 세상에서 가장 아름다운 장면이

운동감과 안정감을 동시에 보여주는 X자 구도입니다.

잖아요. 가만히 고개 숙이고 아기를 바라보는 엄마의 모습이 무척 행복해 보입니다. 앞에 놓인 커다란 광주리를 이고 왔겠군요. 배가 몹시 고플 텐데 아이가 먼저입니다. 어머니의 사랑, 모성애가 물씬 느껴집니다. 김홍도는 이런 장면으로 정겨운 분위기를 연출했습니다. 한결 부드러운 느낌이 들잖아요. 『단원풍속화첩』에는 상대적으로 약자였던 여자나 아이, 그리고 동물들을 많이 등장시켜 훨씬 정겹고 부드러운 분위기를 만들었지요.

엄마는 아이에게 젖을 먹입니다.

그 옆에는 큰아들입니다. 게걸스럽게 밥을 먹고 있군요. 밥그릇 좀 보세요. 아이 체격에 비해 아주 커 보이지요. 설마 저렇게 많이 먹었을 리가? 사실입니다. 김홍도의 그림은 사진 못지않게 정확합니다. 이를 뒷받침해주는 기록이 많이 있거든요.

당시 조선에 왔던 프랑스 선교사 앙투안 다블뤼(1818~66)라는 사람 말에 따르면, 조선 사람들은 한 끼에 보통 1리터나 되는 밥을 먹었다고 합니다. 그림에 나오는 밥그릇을 꽉 채우는 양이지요. 어떤 사람은 내기를 해서 일곱 그릇까지도 먹었다고 합니다. 정말 위대(胃大)한 분이지요.

> **'점심'의 유래**
>
> 지금은 하루 세 끼를 먹는 것이 보통이지만 옛날에는 아침, 저녁 두 끼를 먹었습니다. 그래서 식사를 조석(朝夕)이라고 했지요. 원래 점심은 낮에 먹는 밥이 아니라 시간을 가리지 않고 출출할 때 먹는 음식을 뜻했습니다. 보통 몇 숟가락의 밥이나 국수, 혹은 국으로 때웠는데, 말 그대로 마음(心)에 점(點)을 찍듯 간단하게 먹는 것이라 '점심'이라고 했습니다. 그런데 아침과 저녁 사이인 낮에 먹는 경우가 많아서 낮에 먹는 밥이 점심이라는 이름으로 굳어진 것이지요.

힘든 일을 하자면 어쩔 수 없습니다. 고기가 주식인 서양인들은 식사량이 좀 적어도 괜찮은데, 쌀밥으로만 힘을 얻자면 그 정도는 먹어야 하거든요. 이건 흉이 아니라 그만큼 열심히 일을 했다는 뜻입니다.

 무엇을 볼까요?

누구의 다리 모양이 틀렸을까요

위쪽은 젊은이들입니다. 둘 다 뭘 마시고 있네요. 한 사람은 작은 잔, 또 한 사람은 큰 대접을 들었습니다. 어느 쪽이 술이고 어느 쪽이 물일까요? 여러분이 맞춰보세요.

어느 쪽이 술이고 어느 쪽이 물일까요?

그러고 보니 앉아서 밥을 먹는 자리에도 질서가 있네요. 앞에는 여자와 아이, 그 위에는 젊은이들, 그리고 왼쪽에는 나이든 사람들 셋이 앉았습니다. 나이든 사람들은 밥 먹는 속도가 느립니다. 젊은이들이 벌써 밥 다 먹고 물을 마시는데 아직도 식사중이잖아요. 화가의 관찰력이 대단합니다.

맨 뒷사람은 손에 부채를 들었습니다. 보통 선비들이 쓰는 부채와는 모양새가 다르지요? 이런 걸 '삿부채'라고 합니다. 강가에서 자라는 부들이나 짚으로 엮은 부채이지요. 겉보

여덟 가지 이로움을 준다고 해서 '팔덕선'이라고 해요.

기와는 달리 쓰임새가 많습니다. 더운 날 시원하게 해 주는 건 기본이지요. 그밖에 깔고 앉아도 되고, 바람도 막아주고, 물기도 없애주고, 만들기도 쉽고, 값도 싸고, 비올 때 써도 되고, 햇빛가리개 구실도 하며, 장독을 덮을 수도 있습니다. 이렇게 여덟 가지 이로움을 준다고 해서 팔덕선(八德扇)이라고도 불렀지요.

그 앞에 앉은 옷 입은 사람은 발 모양이 어색합니다. 잘 살펴보세요. 오른쪽 발이 반대로 붙었습니다. 아까 「고누」에서도 그랬잖아요. 『단원풍속화첩』에는 이렇게 틀린 곳이 의외로 많습니다. 다른 그림을 볼 때도 잘 찾아보세요.

참, 검둥개를 빠뜨릴 뻔했군요. 불쌍하게 먹지도 못하고 쳐다만 보는데……. 사람들로부터 한참 떨어져 있습니다. 가까이 갔다가는 괜히 혼만 나겠지요. 아무리 배가 고파도 사람이 먼저입니다. 속으로는 군침을 꿀꺽 삼키지 않을까요. 검둥개 한 마리 때문에 밥이 훨씬 더 먹음직스러워 보입니다. 그림을 더욱 맛깔스럽게 하는 양념 같은 역할이지요.

이 그림 속 사람들은 거의 옷을 벗고 있습니다. 사실 이전에는 이런 장면이 거의 없었지요. 아주 놀랄 만한 변화입니다. 왠지 힘이 펄펄 솟는 듯한 느낌이 들지 않나요? 새로운

가지가지 부채들

부채는 모양에 따라 접었다 폈다 할 수 있는 접부채(쥘부채)와 둥근 방구부채로 나뉩니다. 양반들이 사용하던 합죽선은 대표적인 접부채인데 얇게 깎은 대나무를 맞붙여서 살을 만들고 그 위에 종이를 발랐습니다. 종이에는 그림을 그려 넣거나 글씨를 써 넣는 게 보통이었지요. 합죽선은 더위를 쫓는 역할 외에도 필요할 때 얼굴을 가리는 데 쓰기도 했어요. 상민들이 사용하던 샛부채는 방구부채의 한 종류입니다. 부들 같은 풀을 엮어서 만들었으며 여러 가지 실용적인 이점이 많아 지금도 농촌에서 쓰이지요.

검둥개도 배가 고픕니다.

사회로 변화하는 기운이 엿보이지요. 뛰어난 화가는 시대의 분위기를 파악하여 이를 작품에 반영합니다. 이런 점에서도 김홍도는 매우 뛰어난 감각을 지닌 화가라고 할 수 있겠지요.

 무엇을 볼까요?

풍속화는 수준 낮은 그림일까요

비슷한 그림이 또 있습니다. 조선 시대 선비화가 조영석이 그린 「새참」이지요. 두 그림은 비슷하긴 해도 다른 점이 많습니다. 등장인물의 수부터 다릅니다. 조영석의 「새참」에는 아홉 명이 있지요. 구도 또한 수평선 모양입니다. 사람들이 한 줄로 쭉 늘어앉았잖아요. 자유분방하게 흩어진 김홍도의 「새참」에 비해 좀 얌전합니다. 여긴 또 모두 점잖게 옷을 입었네요.

김홍도의 「새참」과 가장 다른 점은 뭘까요? 그렇습니다. 젖을 먹이는 엄마 대신에 밥을 떠먹이는 아빠의 모습을 그렸습니다. 맨 왼쪽에 보이잖아요. 아빠 얼굴 역시 웃음이 가득합니다. 부모님들은 자식들이 잘 먹을 때 가장 행복한 모양이군요.

조영석은 김홍도보다 좀 앞서 살았던 사람입니다. 선비인데도 풍속화를 잘 그려 『사제첩』이라는 풍속화첩까지 남겼지요. 그런데 풍속화를 그렸다는 사실이 꺼림칙했던 모양입니다. 책 표지에 "남들에게 보이지 말라. 이를 어기면 내 자손이 아니다"라는 경고까지 남겼거든요. 『사제첩』이란 말에 담긴 뜻도 바로 이것입니다. '사제(麝臍)'란 '사향노루의 배꼽'을 말합니다. 여기서 나는 냄새가 무척 향기로워 사냥꾼들이 좋아하는 표적이었지요. 그래서 사향노루가 잡히면 제 배꼽에서 나는 향기 때문이라 여기고 배꼽을 물어뜯는다네요. 마찬가지입니다. 『사제첩』 속의 작품이 조영석에게는 자랑스러워도 이 때문에 남들의 비웃음을 살까 두려웠던 것이지요. 아니, 풍속화 그리는 걸 부끄러워하다니요?

풍속화는 사람들이 생활하는 모습을 담은 그림입니다. 우리 주위에서 가장 흔한 소재이지요. 하지만 김홍도가 태어날 무렵에는 풍속화

조영석, 「새참」, 종이에 담채, 20×24.5cm, 개인 소장

라는 게 없었습니다. 선비들은 사람들의 생활 모습을 그리는 건 수준이 낮다고 생각했기 때문입니다. 대신 자연을 소재로 한 산수화를 즐겨 그렸지요. 그러다가 김홍도가 살던 즈음부터 풍속화를 그리기 시작했어요. 사람들이 살아가는 모습 또한 훌륭한 그림 소재라는 걸 깨달았기 때문입니다. 물론 김홍도가 풍속화를 처음 그린 건 아닙니다. 김홍도보다 조금 앞서 살았던 윤두서, 조영석 같은 사람들이 풍속화를 그리기 시작했지요. 이들은 전문 화가가 아니라 선비였는데도 풍속화에 많은 관심을 가졌습니다.

본격적인 풍속화는 다음 세대인 김홍도, 신윤복, 그리고 김득신에 이르러서야 꽃을 피웁니다. 이들은 뛰어난 작품을 많이 남겼지요. 사실 그대로의 모습은 물론 사람들의 생생한 표정, 재미있는 웃음까지 섞어가며 풍속화의 새로운 형식을 창조했습니다. 특히 신윤복은 당시 금기시되던 여자들을 소재로 파격적인 그림까지 남겼습니다. 인간의 감정과 욕망을 거침없이 드러낸 것이지요. 그래서 풍속화를 낮춰보는 사람이 많았습니다. 당시에는 풍속화 대신 '속화'라는 이름으로 부르기까지 했어요. 저속한 그림, 수준 낮은 그림이라는 뜻입니다. 고상한 그림들만 보던 선비들의 눈에 풍속화가 곱게 보일 리 없었던 거지요. 그래도 풍속화는 많은 인기를 끌었습니다. 풍속화를 책으로 묶은 풍속화첩도 널리 유행했습니다.

양반 풍속화가 조영석

조영석(1686~1761)은 호가 관아재로 겸재 정선, 현재 심사정과 더불어 삼재(三才)로 불렸던 뛰어난 선비화가입니다. 여러 벼슬을 지냈으며 임금님의 초상화인 어진(御眞)을 그리라는 명령을 거절할 정도로 성품이 강직하기도 했는데, 선비지만 산수화보다는 인물화에 뛰어났으며 풍속화의 기초를 닦기도 했습니다. 그가 그린 『사제첩』이란 그림책에는 「바느질」 「작두질」 「마구간」 「소젖 짜기」 「나무 깎는 사람」 등 당시 생활 모습을 잘 알려주는 그림들이 많습니다.

「주막」, 종이에 담채, 27.0×22.7cm, 『단원풍속화첩』에 수록, 국립중앙박물관(중박 200810-381)

그림에는 화가의 성격이 나타날까요

손님들의 모습에서 길 떠나는 나그네의 조급함이 엿보입니다.

두 번째 그림은 「주막」입니다. 주막은 술과 간단한 음식을 파는 곳이지요. 왼쪽에 있는 사람이 주막의 주인인 주모입니다. 항아리에 술을 뜨고 있군요.

손님은 두 명입니다. 담뱃대를 문 남자는 쌈지에서 돈을 꺼내고 있습니다. 술값을 치르려는 모양입니다. 이미 밥 한 그릇 뚝딱 먹은 뒤입니다. 아랫배가 볼록 튀어나왔잖아요. 재치 있는 표현이네요.

초립을 쓴 사람은 밥을 다 먹어갑니다. 그릇을 기울여 마지막 숟가락을 뜨고 있군요. 먼 길을 가려나 봅니다. 「새참」의 사람들은 식사 후 낮잠이라도 잘 것 같은 여유로운 분위기인데, 이 그림에서는 길 떠나는 나그네의 조급함이 느껴집니다. 역시 밥그릇이 매우 크지요. 조선 시대에는 밥그릇이 정말 저렇게 큼직했나 봅니다.

주모 옆에서는 어린 아들이 보채고 있습니다. 「새참」의 아기처럼 엄마 옆에 딱 붙었습니다. 엄마 품은 세상에서 가장 넓으니까요. 여기서도 엄마는 역시 웃고 있습니다. 밥 팔랴, 계산하랴 한창 바쁠 텐데 말이지요. 덕분에 분위기가 아주 여유롭습니다. 『단원풍속화첩』의 그림 대부분에서 느낄 수 있는 분위기이지요. 이건 순전히 김홍도의 성격 덕분입니다. 그의 성격을 말해주는 재미있는 일화가 있어요. 한번 들어볼래요?

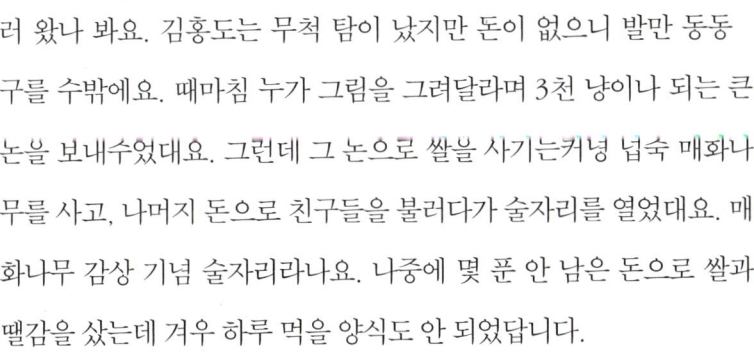

아이 눈 엄마를 보챕니다.

김홍도는 현감 조선 시대에 작은 고을을 다스리던 벼슬아치 벼슬까지 했으나 집이 가난하여 가끔 끼니를 굶기도 했답니다. 하루는 장사꾼이 멋진 매화나무를 팔러 왔나 봐요. 김홍도는 무척 탐이 났지만 돈이 없으니 발만 동동 구를 수밖에요. 때마침 누가 그림을 그려달라며 3천 냥이나 되는 큰 돈을 보내주었대요. 그런데 그 돈으로 쌀을 사기는커녕 넙죽 매화나무를 사고, 나머지 돈으로 친구들을 불러다가 술자리를 열었대요. 매화나무 감상 기념 술자리라나요. 나중에 몇 푼 안 남은 돈으로 쌀과 땔감을 샀는데 겨우 하루 먹을 양식도 안 되었답니다.

너무 무책임하다고요? 사실 그런 점도 있습니다. 하지만 이 이야기는 김홍도가 그만큼 낙천적이고 낭만적인 성격이었다는 걸 보여줍니다. 끼니를 굶어도 개의치 않고 풍류를 즐겼으니까요. 성격이 급하거나 여유롭지 않으면 절대 그럴 수 없지요. 그런 화가의 성격이 그림에 묻어나는 겁니다. 「주막」이 바로 그런 그림입니다.

「고기잡이」, 종이에 담채, 27.0×22.7cm, 『단원풍속화첩』에 수록, 국립중앙박물관(중박 200810-381)

 무엇을 볼까요?

그림으로 화가의 고향도 알 수 있을까요

이건 먹는 그림이 아니라고요? 어디 찬찬히 살펴볼까요. 아, 여긴 바닷가로군요. 배가 떠 있고 갈매기도 날아들잖아요. 저기 울타리처럼 생긴 곳에서 고기를 바구니에 담아 올리는 사람도 보입니다. 맞습니다. 바닷가에서 고기를 잡는 그림입니다. 그래서 제목이 「고기잡이」이지요.

저기 저, 울타리를 두른 게 양식장이냐고요? 아, 아닙니다. 저건 어살이라고 합니다 밀물과 썰물의 차이가 큰 서해안에서 고기를 잡을 때 쓰는 방법이지요. 대나무나 엄나무를 베어 촘촘하게 엮어서 갯벌에 쳐 놓으면 밀물 때 밀려온 고기들이 썰물 때는 어살 안에 갇히게 되는 거지요. 어부는 고기를 건져 올리기만 하면 됩니다. 조선 시대에는 저런 어살이 무척 많았다고 합니다. 목 좋은 어살은 못자리하고도 안 바꾼다는 말까지 있을 정도로 고기가 잘 잡혔지요.

배도 좀 살펴볼까요. 두 척의 배에는 커다란 독이 두 개씩 실렸군요. 잡은 고기를 담는 독이겠지요. 집에서 쓰는 항아리와는 좀 다르군요. 옆구리가 볼록하지 않잖아요.

> **동해와 서해에서 고기 잡기**
>
> 서해에서는 어살 외에도 중선망이라는 그물로 고기를 잡았습니다. 이 역시 조류기 빠른 서해에 적합한 그문인데 입구가 넓고 끝으로 갈수록 좁아지는 모양입니다. 배 양쪽에 매달린 그물 입구를 벌려 물속에 쳐 놓으면 고기떼가 빠른 조류에 밀려 그물 끝 쪽으로 들어가서 꼼짝 못하고 잡히는 것이지요.
> 동해에서는 수심이 깊고 모래펄이 발달한 지형에 맞게 후릿그물과 걸그물을 썼습니다. 후릿그물은 양 끝에 끌줄이 달린 긴 띠 모양입니다. 한쪽 끌줄은 육지에 두고 배를 타고 나가 반달 모양으로 그물을 내려서 물고기를 에워싼 뒤 육지로 올라와 반대쪽 끌줄을 당깁니다. 걸그물은 바닷가에 나가 그물을 내린 뒤 닻을 박고 기다린 다음 끌어 올립니다. 동해에서는 명태를 많이 잡았지요.

잡은 고기를
많이 담을 수 있도록
독의 밑바닥도
넓습니다.

좁은 배 안에 조금이라도 많은 독을 싣자면 저렇게 만들어야 효율적이지요.

그런데 먹는 장면은 어디 있냐고요? 가운데 배를 잘 살펴보세요. 독 옆에 두 개의 솥이 걸려 있잖아요. 떠꺼머리총각이 아궁이에 불을 지피고 있습니다. 걱정 마세요. 불 날 염려는 없으니까요. 바닥에 돌을 깔아 놓았거든요. 아무래도 갓 잡은 고기를 요리하려는 것이겠지요. 음식이 냄새를 풍기며 한창 익어가나 봅니다. 독에 기대 선 총각이 그쪽으로 고개를 돌렸으니까요. 둘 다 흐뭇한 미소를 짓고 있습니다. 그러고 보니 「새참」 「주막」 같은 먹는 그림에 나오는 사람들은 모두들 웃고 있네요. 입이 즐거워야 인생도 즐겁나 봅니다. 김홍도는 이런 사실을 진작 알아차렸습니다.

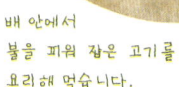

배 안에서
불을 피워 잡은 고기를
요리해 먹습니다.

이건 김득신의 「강가의 식사」입니다. 조금 있으면 바닷가에서도 이런 장면이 벌어지지 않을까요. 「새참」의 검둥개처럼 나무 뒤에서 지켜보는 소년의 모습이 인상적이군요. 「고기잡이」의 사람들도 저렇게 즐거운 표정으로 먹고 마시겠죠.

「고기잡이」는 특이한 그림입니다. 『단원풍속화첩』에 실린 그림 중에서 유일하게 바다가 나오니까요. 그만큼 화가에게

김득신, 「강가의 식사」, 종이에 담채, 28.5×35.2cm, 간송미술관

는 특별한 기억이었다는 뜻이 아닐까요? 그렇다면 혹시 화가는 바닷가 마을에서 살았던 건 아닐까요?

경기도 안산에서는 매년 단원미술제가 열립니다. 여기가 김홍도의 고향으로 알려졌기 때문이지요. 김홍도의 스승 강세황이 안산에 살면서 어린 김홍도에게 그림을 가르쳤다는 기록이 남아 있거든요. 「고기잡이」 그림 역시 김홍도가 안산에서 살았다는 증거입니다. 안산은 서해안에 있는 도시이니까요. 그림을 보면 화가가 살았던 곳까지도 알 수 있네요.

이번 시간은 여기까지 할까요. 안 그래도 배고플 텐데 먹는 그림까지 봤으니……. 잠시 쉬었다가 오늘의 마지막 수업을 진행하겠습니다.

 이것이 궁금해요

우리 민족은 왜 쌀밥을 먹게 되었을까

서양 사람들의 주식은 밀과 고기인데 우리 민족은 주로 쌀밥을 먹어왔습니다. 이건 쌀밥이 우리 입맛에 맞아서 그런 게 아니라 생존과 관계된 문제였습니다. 이웃나라인 중국과 일본, 그리고 동남아시아의 여러 나라들도 마찬가지이죠.

옛날부터 이 지역은 인구 밀도가 매우 높았습니다. 좁은 땅에 많은 사람들이 산다는 말이지요. 이 많은 사람들이 먹고 살자면 수확량이 가장 많은 곡식을 골라 심을 수밖에 없습니다. 그게 바로 쌀입니다.

밀 1알을 뿌리면 5~6알 정도를 수확했지만 쌀은 25~30알을 수확할 수 있었거든요. 쌀의 수확량이 밀보다 5배나 더 되는 것입니다. 또 쌀은 기본 영양분이 골고루 갖춰져 있어 나머지 부족한 영양은 반찬 몇 가지로 보충하면 되는데, 밀은 필수 아미노산이 많이 모자라 영양분을 보충하자면 반드시 고기를 곁들여 먹어야 합니다.

같은 넓이의 땅에 쌀을 심으면 10명, 밀을 심으면 7명이 먹고 살고, 고기를 얻기 위한 풀밭을 가꾸면 채 1명도 먹고 살지 못합니다. 그러니 우리처럼 좁은 땅에서 많은 사람들이 살아가자면 쌀밥을 먹을 수밖에 없는 셈이지요.

제4교시 자유토론

으라차차차! 넘어간다

「씨름」

옛 그림 학교의 4교시는 토론 수업으로 진행됩니다. 선생님의 일방적인 설명보다 여러분의 생각을 말하는 것도 의미가 있거든요. 내 생각을 말하고 친구들의 얘기를 듣다보면 더 많이 배울는지도 모르지요.

가만 있자, 토론 때문에 이렇게 몇 명씩만 모둠별로 모이니 색다른 기분이네요. 아주 아늑하고 오붓한 느낌입니다. 그런 만큼 편하게 서로의 생각을 나누세요.

이번 시간에 토론할 그림은 「씨름」입니다. 아마 여러분도 많이 보았던 그림일 겁니다. 『단원풍속화첩』 중에서도 읽을거리가 가장 많은 그림이지요. 자, 시작해볼까요?

「씨름」, 종이에 담채, 27.0×22.7cm, 『단원풍속화첩』에 수록, 국립중앙박물관(중박 200810-381)

 함께 얘기해봐요

어쩌면 표정들이 저렇게 생생할까요

🧑 이 그림을 볼 때마다 누가 이길지가 제일 궁금했어요. 한 선수는 발을 들어 올렸고, 또 한 선수는 허벅지를 꽉 쥐었잖아요. 아슬아슬한 장면인데 누가 이길지 도무지 모르겠어요.

👧 저도 그게 가장 궁금했어요! 그런데 그건 차근차근 얘기하다보면 저절로 답이 나오지 않을까요?

🧑 구도는 대번 알겠어요. 가운데 선수를 두고 구경꾼들이 빙 둘러앉았으니 1교시에 배운「그림감상」과 같은 원형구도죠? 등장인물도 아주 많아요. 오른쪽 위에 다섯 명, 왼쪽 위에 여덟 명, 그 아래에 다섯 명, 오른쪽 아래 두 명, 그리고 가운데 선수 두 명, 모두 해서 스물두 명이나 되요!

👧 이 그림은 크기가 겨우 A4 용지 정도로 작대요. 이렇게 작은 종이 위에 이토록 많은 사람들을 그려 넣다니 신기해요. 자세히 보면 사람들 표정도 다 달라요. 마치 다들 살아 있는 것 같아요.

"이 그림도 원형구도죠?!"

🧑 그래요. 각자의 표정에는 나름대로 의미가 있습니다. 한 명씩 짚어보는 것도 재미있겠군요.

그림 윗부분의 오른쪽에 앉은 사람들을 봅시다.

🧒 맨 오른쪽 사람은 땅바닥을 짚고 입을 헤 벌렸어요. 자기가 응원하는 선수가 이기고 있나 봐요. 아주 좋아라 하는 표정인데요.

👦 그 옆에는 덩치 큰 사람이 누워 있네요. 혹시 씨름판이 시작된 지 오래되어서 지친 건 아닐까요? 허리가 아프니까 저렇게 드러누워 버린 거죠! 머리를 턱 하니 괸 모습이 여유로워 보여요. 그런데 아이들은 모두 뒤쪽으로 앉았어요. 앞에 나서면 야단을 맞았나 봐요. 요즘에는 우리들이 가장 먼저인데.

🧒 어, 정말이네요. 뒤쪽 구석에서 웅크린 모습이 좀 안됐는데요. 왼쪽에 있는 아이들도 역시 뒤쪽에 몰려 있어요. 한 아이는 오래 쪼그려 앉아서 다리가 저렸나 봐요. 손으로 발을 주무르고 있어요.

그림 윗부분의 왼쪽에 앉은 사람들을 봅시다.

👧 저기, 가운데 부채로 얼굴을 가린 사람은 뭘까요? 두 눈 뜨고 똑바로 쳐다보기에는 경기가 너무 아슬아슬했나 봐요. 얼굴을 보니 겁이 많은 사람 같은데요.

👧 그 뒤에는 연세 많은 할아버지가 앉으셨어요. 아주 점잖은 분 같아요. 대부분 갓을 벗었지만 할아버지는 갓을 썼잖아요. 바로 옆에 두 사람은 쌍둥이 아닐까요. 앞뒤로 나

란히 앉은 모습이 똑같이 생겼잖아요. 갓도 함께 포개 놓았어요.

👧 앉은 자세가 아주 빈틈이 없어 보여요. 다리를 끌어안은 모습이라든지 꽉 다문 입이 야무진 인상을 주는데요.

👦 여러분 보기에도 그렇지요? 그럴 만한 까닭이 있답니다. 이건 나중에 선생님이 말해 줄게요. 그나저나 그 아래 서 있는 사람은 누굴까요. 손에 커다란 판을 들고 있는데요.

"웃고 있는 걸 보니 장사가 잘되나 봐요."

👧 엿장수예요. 지난번 아빠와 시골 오일장에 갔을 때 저렇게 엿판을 메고 엿을 파는 아저씨를 봤거든요. 한 봉지를 사니까 덤으로 몇 개나 더 주었어요. 저 엿장수도 마음씨가 좋게 생겼는데요.

👦 맞아요. 코도 뭉툭하고 슬며시 웃고 있잖아요. 장사도 잘되는 모양이네요. 그런데 저는 맨 아래쪽에 댕기머리 꼬마가 더 재미있어요. 뒷모습만 보이는데 고개를 약간 왼쪽으로 틀었잖아요. 엿장수를 바라보고 있네요. 엿이 먹고 싶었나 봐요. 아마 군침을 꼴깍 삼키고 있을걸요.

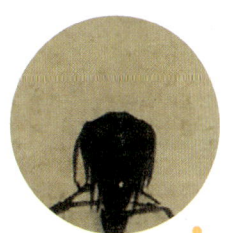

"댕기머리 꼬마는 엿이 먹고 싶은가 봐요."

👧 그러고 보니 김홍도라는 화가는 참 재미있어요. 「서당」에도 비슷한 장면이 있었잖아요. 재미있게 하려고 여러 가지로 애를 쓴 티가 나요. 저는 오른쪽 아래 있는 두 사람이 가장 재미있어요. 표정으로

봐서는 크게 놀란 것 같아요. 눈을 동그랗게 뜨고 입까지 아 벌렸잖아요. 뭘 보고 저렇게 놀랐을까요?

함께 얘기해봐요

과연 어느 선수가 이길까요

여러분들이 말하는 걸 보니 깜짝 놀라겠어요. 어쩌면 그렇게 그림 속의 이야기를 잘 읽어내는지. 선생님이 더 할 얘기가 없을 정도인데요.

이 정도는 기본이지요, 뭐.

일동 하하하!

그런데 선생님, 정말 누가 이길 것 같아요? 저는 아까부터 궁금해서 못 참겠어요.

두 사람의 얼굴 표정에 다 나와 있답니다.

얼굴만 보고도 알 수 있다고요?

잘 보세요. 앞쪽 선수의 표정은 어떻죠?

으음, 입을 꽉 다물었고 광대뼈도 볼록해요.

힘을 쓰느라 그렇습니다. 왠지 자신감이 넘치잖아요. 뒤쪽 선수는 어때요?

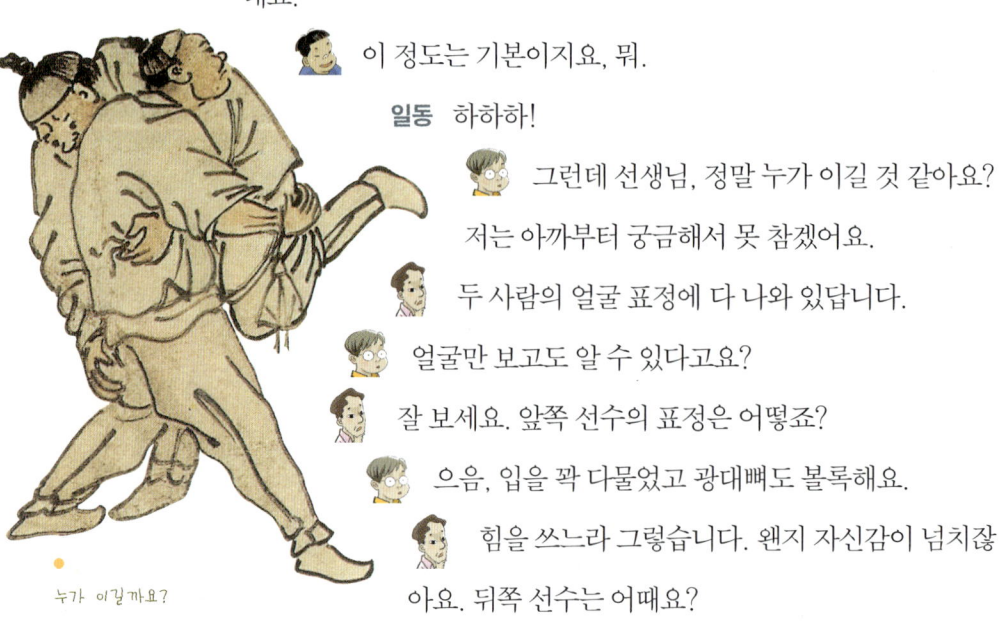

누가 이길까요?

양미간을 잔뜩 찌푸리고 있어요. 아하, 어쩐지 당황해하는 표정인데요.

 그럼 누가 이기겠어요?

아, 그렇구나! 앞쪽 선수가 이기겠네요. 와, 진짜 신기하다! 얼굴 표정만으로 승부를 알 수 있다니! 조금만 찬찬히 보았어도 진작 알아차렸을 텐데!

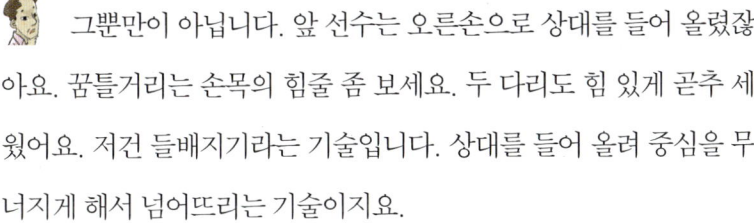

> **씨름의 기술**
>
> 씨름은 공격기술인 '메치기'와 방어기술인 '되치기'가 있는데, 공격자의 신체 활용 부분에 따라 손기술, 다리기술, 허리기술, 종합기술로 구분됩니다.
> **손기술** 앞무릎치기, 뒷무릎치기, 오금당기기
> **다리기술** 안다리걸기, 밭다리걸기, 호미걸이
> **허리기술** 들배지기, 엉덩배지기, 돌림배지기, 밀어치기
> **종합기술** 잡채기, 차돌리기, 목돌리기, 뒤집기

 그뿐만이 아닙니다. 앞 선수는 오른손으로 상대를 들어 올렸잖아요. 꿈틀거리는 손목의 힘줄 좀 보세요. 두 다리도 힘 있게 곧추 세웠어요. 저건 들배지기라는 기술입니다. 상대를 들어 올려 중심을 무너지게 해서 넘어뜨리는 기술이지요.

 신기해요. 씨름 기술까지 표현해 놓다니. 화가의 관찰력이 대단해요.

 그럼, 양미간을 찡그린 선수는 어느 쪽으로 쓰러질까요?

이 사람은 왜 놀랐을까요?

 그것도 알 수 있다고요?

 잘 살펴보세요. 네 구석 중 하나거든요.

 저기다! 바로 오른쪽 아래, 저기 아닌가요?

그래 거기야. 그래서 두 사람이 놀랐을 거예요. 저렇게 큰 선수가 자기 앞으로 넘어진다고 생

각하면 저라도 겁이 나겠어요. 모두 입을 쫙 벌리고 뒤로 피하는 중이잖아요.

여러분의 눈이 참 매섭습니다. 하나를 말해주니 열을 아는군요. 혹시 이것도 찾을 수 있을까요. 이 그림에도 화가가 잘못 그린 곳이 있거든요.

아까 「고누」에서는 뒤로 돌아선 아이의 손 모양이 틀렸었잖아요. 그럼, 혹시 여기도?

아, 그러네요. 오른쪽 아래 상투를 튼 사람의 양손이 틀렸어요. 서로 바꾸어 그렸잖아요. 가만 보니까 김홍도는 저렇게 뒤로 돌아선 사람을 잘못 그린 경우가 많아요. 혹시 일부러 그런 건 아닐까요?

선생님, 아까 쌍둥이 형제가 예사롭지 않다고 하셨잖아요. 뭘 하는 사람들이에요?

"이 두사람이 다음 판에 나올 선수입니다."

옛날에는 지금과 씨름 방식이 좀 달랐어요. 한 사람이 나와서 다음 선수와 차례차례 붙다가 더이상 맞설 상대가 없어야 끝이 나는 거지요. 이번 판이 끝나면 또 누가 나올 겁니다. 바로 저 두 사람이 다음 판에 나올 선수이지요. 앞에 벗어 놓은 신발 좀 보세요. 벌써 나설 준비를 해놓았잖아요. 앉은 자세나 표정, 그리고 마음의 준비까지, 야무지기 짝이 없습니다.

미술일까, 수학일까

🧑 이 작은 그림에 정말 읽을거리가 많네요. 신비에 쌓인 비밀을 하나하나 푸는 느낌이에요. 이젠 거의 다 본 거죠?

🧑 하하하, 아직 멀었어요. 껍질을 벗기고 또 벗겨도 끝이 없는 양파 같은 그림이거든요. 참, 아까 누가 이 그림을 원형구도라고 했지요?

🧑 제가 그랬습니다! 김홍도는 원형구도를 즐겨 사용했잖아요.

🧑 다시 한번 자세히 살펴보세요. 둘러앉은 사람들로 인해 생긴 공간을 직접 손가락으로 따라 그려보면 좋겠네요.

🧑 이렇게요? 어? 원이 아니네. 마름모야. 왜 난 원으로 생각했지?

🧑 그걸 눈의 착각이라고 하는 겁니다. 보통 씨름판은 둥글잖아요. 이미 알고 있다고 생각하는 것을 바라볼 때는 착각하기가 쉽지요. 하지만 화가는 일부러 각진 마름모꼴로 그렸습니다. 무슨 까닭일까요?

일동 ······.

🧑 그럼, 모두 한 번씩 따라 그려 보세요. 그리고 멀찍이 바라보세요. 어떤 느낌이 들지요?

"어! 원이 아니라 마름 모꼴이네?"

🧑 으음, 맨 아래 꼬마를 꼭짓점으로 마름모가 아슬아슬하게 서 있어요. 어느 쪽으로 쓰러질지 몰라요. 왠지 조마조마한데요.

👧 그러네요. 아슬아슬한 느낌이 들어요. 그러니까 화가는 스릴 넘치는 씨름판의 분위기를 만들기 위해 일부러 마름모로 그린 거잖아요. 세상에!

🧑 그뿐 아닙니다. 그림 한가운데를 가로로 잘라보세요. 그 위쪽에 있는 사람은 몇 명인가요?

🧑 오른쪽 다섯 명, 왼쪽 여덟 명 해서 모두 열세 명이요.

🧑 그럼, 아래쪽은요?

🧑 하나, 둘, 셋…… 일곱 명이요.

🧑 이걸 분수로 만들어 보세요. 어떻게 되죠?

🧑 7분의 13이니까, 가분수가 되었어요.

"김홍도는 화가가 아니라 수학자 아니었나요?"

🧑 가분수는 사람으로 치면 몸보다 얼굴이 큰 모양입니다. 여러분이 그런 사람을 두고 '얼큰이'라고 놀리지요? 자, '얼큰이' 그림을 보니 어떤 느낌이 들어요?

👧 좀 불안해요. 위쪽이 무거우니까 언제 넘어질지 모르잖아요.

🧑 그래요. 보기에 위태위태하지요. 이렇게 하면 사람들이 더 긴장하게 되지요. 그래서 일부러

위쪽에 사람을 많이 배치했습니다. 더 아슬아슬해 보이라고요.

참, 마방진을 아는 사람이 있나요?

🧒 에이, 그걸 누가 몰라요. 정사각형 안에 숫자를 넣어서 가로 세로의 합이 같게 만드는 문제잖아요.

👨 그렇습니다. 그런데 이 그림에도 마방진이 들었거든요.

일동 ……?

👨 무슨 말인지 잘 모르겠나 봐요. 그럼, 왼쪽부터 시계방향으로 사람 수를 세어보세요.

🧒 여덟 명, 다섯 명, 두 명, 다섯 명이오.

👨 가운데는요?

🧒 선수 두 명이요. 그런데요?

👨 잘 보세요. 마방진이 되었잖아요.

🧒 예?

🧒 맞다. 마방진이에요. 대각선으로 배열된 숫자 5+2+5와 8+2+2의 합이 모두 12이 잖아요.

🧒 와! 정말 놀라운데요. 도대체 어떻게 저런 것까지 생각하면서 그렸을까요! 마름모에, 가분수에, 마방진까지. 선생님, 김홍도는 화가

> ### 마방진이 무얼까요?
>
> 정사각형 모양에 여러 숫자를 배열하여 가로, 세로, 대각선의 합이 모두 같아지도록 만든 것입니다. 보통은 같은 숫자는 반복해서 쓰지 않습니다. 그림에서도 가끔 쓰이는데 유명한 독일 화가 뒤러의 판화 「멜랑콜리아」에도 마방진이 그려져 있습니다. 이미 3000년 전 중국에서 하나라를 세운 우왕이 물막이 공사를 할 때 나타난 거북의 등껍데기에도 마방진이 새겨져 있었는데, 이걸 가지고 점을 치기도 했습니다.
>
>
>
> 뒤러의 「멜랑콜리아」에 나온 마방진

유숙, 「대쾌도」, 종이에 채색, 105.0×54.0cm, 1846, 서울대박물관

가 아니라 수학자 아니었나요?

하하하, 그럴지도 모르지요. 정말 이 그림은 수학적으로 사전에 치밀하게 계산했다는 느낌이 듭니다. 아주 놀라운 그림이지요. 참, 씨름하는 그림은 또 있습니다. 「대쾌도」라는 그림이지요.

이 그림도 「씨름」과 똑같은 장면이 많네요. 여기 좀 보세요. 엿장수도 있고, 부채를 든 사람, 누워 있는 사람, 심지어는 쌍둥이 형제까지 있어요.

그래요. 「대쾌도」는 태평성대를 크게 즐거워한다는 내용의 그림인데 「씨름」보다 나중에 그려졌습니다. 어쩌면 「씨름」을 참고해서 그렸을지도 모르지요. 다른 점도 있습니다. 아래쪽에 태껸 시합이 씨름판과 함께 벌어진 것도 그렇고, 술을 파는 장사꾼들도 있네요. 아마 「씨름」 그림도 더 컸더라면 저런 장면이 들어갔겠지요.

씨름은 우리 고유의 놀이로 옛 분들이 매우 즐겼다고 들었어요.

특히 모내기가 끝날 무렵인 단오 때가 되면 여기저기 씨름판이 열렸지요. 이 두 그림도 단오 때 벌어진 경기를 그린 겁니다. 그런데 잘 살펴보면 여자는 한 명도 없어요. 여자들은 단오 때가 되면 그네를 타거나 창포물에 머리 감잖아요. 모두 거기로 갔나 봐요.

일동 하하하!

 더 알아봐요

단오의 유래와 풍속

단오는 음력 5월 5일로 수릿날, 천중절이라고도 합니다. 중국 초나라의 시인 굴원이 간신들의 모함으로 먹라수에 빠져 죽자, 그의 죽음을 슬퍼하며 제사를 지낸 데서 유래되었습니다. 단오는 우리나라에서 가장 역사가 오래된 축제로 설날, 한식, 추석과 더불어 우리나라 4대 명절이었고, 지금도 강릉단오제는 유명합니다.

단오 무렵은 대개 모내기와 보리 베기가 끝나면서 농사일에 한숨을 돌리는 시기로, 그런 이유에서 마을마다 잔치와 행사를 크게 열었습니다. 특히 이즈음부터는 비도 많이 와서 나쁜 병이 돌기 시작하고 날씨도 더워지므로 그 예방책으로 여러 가지 풍습이 생겨나게 된 것이지요.

여자들은 창포 뿌리를 잘라 복(福) 자를 새긴 비녀를 만들어 머리에 꽂아 나쁜 일을 막았고 창포물에 머리를 감기도 했습니다. 단옷날에는 수리취떡을 만들어 먹었으며 한해의 더위를 미리 막으라는 뜻에서 단오 부채를 돌리기도 했습니다. 단오에는 여러 가지 놀이도 벌어졌는데 여자들은 그네뛰기, 남자들은 씨름을 즐겼어요. 모두 김홍도와 신윤복의 풍속화에 나와 있는 장면들입니다.

보충학습

옛 그림, 어떤 종류가 있을까

 옛 그림을 분류하는 방법은 여러 가지이다. 그릴 때 쓰는 재료에 따라 분류하기도 하고, 그리는 사람에 따라 분류하기도 한다. 가장 흔한 방법은 그리는 대상에 따른 분류이다. 이 방법에 따른 그림의 종류는 다음과 같다.

○ 산수화(山水畵)

산과 물, 즉 자연을 그린 그림이다. 보통 바위, 나무, 바다, 강, 폭포, 집과 함께 사람도 그린다. 사

정선, 「인왕제색도」, 종이에 수묵, 79.2×138.2cm, 1751, 호암미술관

람도 자연의 일부이기 때문이다. 자연을 그린다는 점에서는 외국의 풍경화와 비슷하지만 의미는 좀 다르다. 자연을 있는 그대로 그렸다기보다는 자연물을 빌려 화가의 마음을 담아냈다. 산수화는 대부분 먹으로 그린다. 특히 정선의 진경산수화가 유명하다.

김정희, 「불이석란」,
종이에 수묵,
55×30.6cm, 19세기,
개인 소장

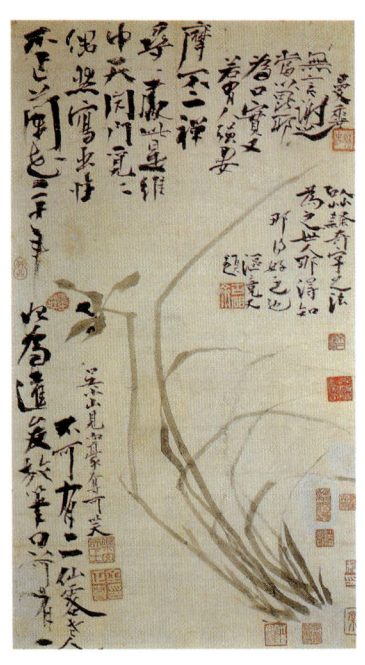

◉ 사군자화(四君子畵)

'군자'는 원래 훌륭한 사람을 뜻하는 말인데, 그림에서는 매화, 난초, 국화, 대나무의 네 가지 식물을 뜻한다. 이 네 가지 식물을 사계절에 맞춰 그리는 것이 사군자화이다. 매화는 이른 봄에 추위를 이기고 피어서, 난초는 깊은 산 속에서 은은한 향기를 내뿜어서, 국화는 늦가을에 찬 서리를 뚫고 피어서, 대나무는 겨울에도 푸르게 자란다는 이유로 선비들이 좋아했다. 모두가 군자의 고결한 인품을 상징한다고 보았기 때문이다. 선비들은 사군자 그림을 반드시 배웠다고 한다.

◉ 화조화(花鳥畵)

꽃, 나무와 새 그림이다. 이들은 옛날부터 우리 주위에서 쉽게 볼 수 있었는데, 아름다운 꽃과 나무는 사람들에게 기쁨을 주고 까치 같은 길조는 행운을 가져다준다고 믿었기에 흔한 그림 소재가 되었다. 화조화는 본래의 느낌을 살려 화려한 색깔로도 그렸고, 풍경과 더불어 은은한 먹으로도 그렸다. 작은 생명이라도 소중히 여겼던 옛 분들의 마음씨를 엿볼 수 있는 그림이다. 풀과 벌레 그림인 초충도(草蟲圖) 역시 화조화에 포함될 수 있다. 초충도는 꽃이나 과일, 혹은 괴상하게 생긴 바위에 벌, 나비, 잠자리 같은

신사임당, 「수박과 들쥐」 (초충도 8곡병 제2면), 종이에 채색, 34×28.3cm, 조선시대, 국립중앙박물관

곤충을 함께 그리는 경우가 많다. 특히 신사임당의 솜씨가 매우 뛰어났다.

○ **인물화**(人物畵)

말 그대로 사람을 그린 그림이다. 인물화에는 대표적으로 초상화와 자화상이 있다. 옛날에는 제사상에 반드시 초상화를 놓았기 때문에 인물화를 많이 그렸다. 이때는 있는 모습 그대로 똑같이 그린다. 심지어 못난 부분이나 흉터는 물론 그 사람의 성

김창업, 「송시열 상」, 비단에 채색, 91×62cm

이암, 「엄마 개」,
종이에 담채,
73.2×42.4cm,
16세기 전반,
국립중앙박물관

격까지도 담아낸다. 지금도 옛날에 그려진 초상화를 보면 그 사람의 병이나 성격까지 알아낼 수 있다고 한다.

● 영모화(翎毛畵)

털을 가진 동물 그림이다. 영(翎)은 새의 깃을, 모(毛)는 짐승의 털을 뜻한다. 넓게 보면 화조화나 동물화 모두가 영모화에 포함된다. 영모화에는 우리 주위에서 자주 보는 동물들을 잘 관찰하여 섬세하게 그린 작품이 많다. 산수화와는 달리 마치 사진처럼 정확하게 묘사한 게 특징이다. 특히 이암은 개를, 변상벽은 고양이를, 김식은 소를 잘 그렸다. 이와는 달리 바다 생물을 그린 그림은 어해도(魚蟹圖)라고 한다. 어해도는 잉어, 숭어, 가오리 같은 물고기뿐만 아니라 게, 조개, 거북, 새우 등도 함께 그렸다. 물고기는 알을 많이 낳기에 장수를 의미하므로 화가들이 즐겨 그렸다. 특히 장한종이 어해도를 잘 그렸다.

● 풍속화(風俗畵)

풍속화는 사람들의 생활모습을 그린 그림이다. 조선시대에는 풍속화를 '속화'라고 불렀다. 저속하고 수준이 낮은 그림이라는 뜻이다. 원래 옛 분들은 사람들이 살아가는 모습을 세속적이라고 하찮게 여겼기

김득신,
「병아리를 도둑질해가는 들고양이(야묘도추)」,
종이에 담채,
22.5×27.2cm,
조선시대, 간송미술관

에 풍속화는 그리지 않았다. 대신 자연을 사랑하여 산수화나 사군자를 즐겨 그렸다. 그런데 조선 후기로 들어서면서 윤두서, 조영석이 풍속화를 그리기 시작하였고 김홍도는 풍속화의 수준을 한 단계 끌어올려 꽃을 활짝 피웠다.『단원풍속화첩』속의 그림이 모두 풍속화에 속한다. 당시 함께 활동했던 김홍도, 신윤복, 김득신은 3대 풍속화가로 꼽힌다.

둘째 날

옛 그림과 얘기하기

제1교시

땀 흘리는 즐거움
「기와이기」「타작」

어제 밤에는 잘 잤습니까? 첫날이라 잠을 설친 사람도 있겠군요. 점심 먹고 시간이 좀 있으니 낮잠이라도 잠깐 자두면 좋겠네요. 마침 학교 뒤 숲 속에 시원한 정자가 있거든요. 그 정자는 한옥 목수가 설계하고 지은 것입니다. 그걸 지을 때 우리 선생님들도 많이 거들었지요. 정말 집은 나무나 기와가 아니라 땀으로 짓는 것이더군요. 그때 흘린 땀방울이 몇 바가지는 될 겁니다. 오늘 첫 시간은 땀에 관한 이야기입니다. 김홍도가 열심히 땀 흘리는 사람들을 잊지 않고 그려 두었거든요. 집 짓는 「기와이기」와 곡식의 낟알을 터는 「타작」이라는 그림입니다. 두 그림 모두 열심히 일하는 사람들을 그린 그림이니 여러분도 열심히 읽어야 합니다. 안 그러면 옛 분들에게 미안할지도 모르니까요.

「기와이기」, 종이에 담채, 27.0×22.7cm, 『단원풍속화첩』에 수록, 국립중앙박물관(중박 200810-381)

 무엇을 볼까요?
한 쪽 눈을 감고 무엇을 하는 중일까요

왼편에 집을 짓고 있습니다. 화면에 다 들어오지 않는 걸 보니 굉장히 큰 집이로군요. 과연 많은 일꾼들이 달라붙었습니다. 사람들이 여기저기 흩어져 있다고요? 찬찬히 살피면 역시 김홍도 특유의 X자 구도로 그려졌다는 걸 알 수 있습니다. 김홍도는 알맞는 자리에 사람을 배치하는 데 달인 같군요.

제목이 「기와이기」입니다. 기와로 지붕을 덮는다는 뜻이지요. 이 그림은 조선 시대의 집짓는 방법을 한눈에 알 수 있는 귀중한 자료이기도 합니다.

오른쪽부터 보겠습니다. 왜냐고요? 꼭 그런 건 아니지만 보통 우리 옛 그림은 오른쪽 위에서부터 왼쪽 아래로 봐야 좋습니다. 세로쓰기로 씌어진 옛날 책은 지금과는 반대로 오른쪽에서 왼쪽으로 읽어가잖아요. 그림도 마찬가지이겠지요.

먼저 긴 막대를 들고 서 있는 사람이 보이는군요. 도포를 입고 사방건을 쓰고 가죽신을 신었습니다. 한눈에 봐도 예사 분은 아닌 것 같지요. 집주인이라고요? 물론 그렇게 보는 사람도 있습니다. 하지만 들고 있는 지팡이가 너무 길군요. 아무래도 그냥 지팡이가 아닌 것 같은데요.

집주인일까요?
아닙니다.
이분은 대목이에요.

맞습니다. 저건 장척(丈尺)이라고
하는 긴 자입니다. 나무의 길이나 기둥
의 간격, 방 치수를 잴 때 쓰이지요. 잘
보세요. 지금 두 손으로 장척을 잡았잖
아요. 고개도 살짝 쳐들었습니다. 뭔가
가늠하고 있는 중이지요. 기둥의 높이
라도 재는 걸까요. 가름하게 뜬 눈과

> **집을 짓는 순서**
>
> 먼저 살기에 알맞은 땅을 고른 후 집의 크기와 모양을 정합니다. 그런 다음 움푹 들어간 곳에 흙을 메우가면서 터를 단단하게 다지고 주춧돌을 박아 기둥을 세웁니다. 기둥은 기울어지지 않게 똑바로 세워야 하기 때문에 경험 많은 목수가 맡습니다. 기둥을 중심으로 여러 개의 나무를 가로, 세로로 얽어가면서 뼈대를 만들지요. 지붕 위에 기와를 잇는 것은 와공의 몫인데 와공은 직접 기와를 구워 만들기도 했습니다. 지붕을 얹은 후 벽과 바닥, 구들과 아궁이를 만들고 마루를 깔고 문을 달면 집이 완성됩니다.

젖힌 고개로 가늠하는 모습을 잘 표현했습니다. 자, 이제 누구인지 짐작이 가나요? 맞습니다. 이 사람은 공사를 감독하는 대목입니다.

가운데 기둥 앞에 서 있는 사람은 표정이 매우 특이합니다. 한쪽 눈을 감고 윙크를 하는 것 같잖아요. 별것 아닌 것 같지만 이건 놀라운 표현입니다. 마치 요즘 만화라도 보는 느낌이 들잖아요. 이제까지 이런 장면을 그린 화가는 없었습니다. 김홍도가 새로운 인물상을 만든 거지요. 그러니까 김홍도를 위대하다고 하는 겁니다.

이 사람은 목수입니다. 잘 보세요. 양손으로 실을 조심스럽게 잡았지요. 맨 아래에는 까만 물건도 달려 있군요. 지금 다림을 보는 중입니다. '다림'이란 수평이나 수직이 잘 맞았는지 확인하는 일인데요, 이 목수는 지금 기둥이 똑바로 세워졌나 보

한쪽 눈을 감고
윙크 하는 듯한
이런 표현이 김홍도의
풍속화를 생생하게
만듭니다.

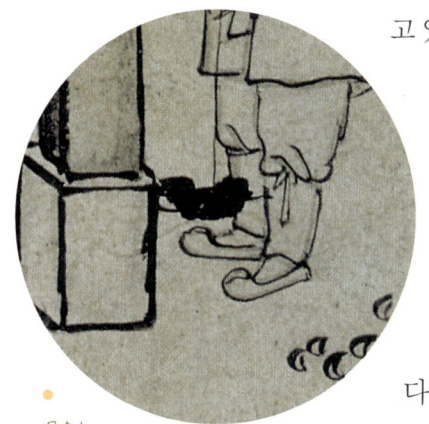

목수는
늘 갖고 다니는
먹통으로 건물이
제대로 세워졌는지
살피고 있습니다.

고 있지요. 선생님과 같이 한번 해볼까요.

먼저 실 끝에 무거운 추를 달고 늘어뜨립니다. 그럼 줄이 수직으로 내려서겠지요. 이걸 기둥 옆에 대면 기둥이 비뚤어졌는지 바르게 섰는지 금방 알 수 있습니다. 참, 실 끝에 달린 까만 물건은 추가 아니라 먹통입니다. 먹통은 목수들이 늘 가지고 다니면서 바닥에 선을 그을 때 쓰는 도구인데 여기서는 추 대신 달았습니다. 바쁜데 일일이 추를 달기보다는 늘 몸에 지니고 있는 먹통을 쓰는 게 더 편하겠지요.

옆에서는 대패질을 하고 있네요. 팔뚝을 걷어붙이고 어깨에 힘을 잔뜩 준 채 열중해 있습니다. 대팻밥이 쓱쓱 깎여 나옵니다. 아주 실감나는 표현이지요. 사각거리는 대팻밥소리가 들릴 듯하잖아요.

대패의
모양을 잘 보세요.

여러분은 대패질하는 광경을 직접 본 적이 있나요? 요즘 대패는 모두 몸 쪽으로 잡아당기는 방식이잖아요. 그건 일본식 대패입니다. 그림에는 몸 쪽으로 잡아당기는 대패가 아니라 바깥으로 미는 대패입니다. 그래서 이름도 '밀이'라고 했지요. 우리 고유의 대패입니다. 요즘과 달리 양옆에 손잡이도 달렸고 대팻날도 두 겹이 아닌 홑 날이지요.

 무엇을 볼까요?

와공의 얼굴은 왜 동글동글할까요

왼쪽에는 네 명이군요. 지붕 아래 두 명, 위에 두 명. 이들은 오른쪽의 목수들과는 완전히 다른 일을 하고 있습니다. 사는 형편도 목수들보다 신통치 않나 봅니다. 목수들은 옷도 깔끔하고 고운 신도 신었는데 이들은 모두 맨발에다가 옷차림도 보잘 것 없습니다.

아래 두 사람은 지붕 위로 뭔가 부지런히 올려주는 중입니다. 왼쪽 사람은 기왓장을 던져주는군요. 벌거벗은 사람은 줄에 둥근 물건을 매달았습니다. 타조 알 같이 생겼다고요? 이건 홍두깨흙이라고 하는데, 기와를 얹을 때 밑에 까는 반죽 흙입니다. 저렇게 둥글게 만들어 두어야 올려주기 편하지요.

한눈을 팔고 있는 이 사람 모습도 참 재미있습니다. 대패질이 신기했는지 그쪽으로 눈을 고정했습니다. 이렇게 김홍도는 있는 그대로만 그리지 않고 한 발 더 나아가 재미있는 이야기까지 담았습니다. 정말 책처럼 읽어보라는 뜻일까요? 그래서 사람들이 『단원풍속화첩』을 좋아하나 봅니다.

지붕 위에 쭈그려 앉은 사람은 기왓장을 막 받으려 하고 있습니다. 한손으로 낚아채려는 걸 보니 한두 번 해본 솜씨가 아니군요. 기와이

일꾼은 자기 일보다 다른 사람 일이 더 재미있어 보이는 모양입니다.

기 전문가 와공(瓦工)입니다. 처마 끝으로 벌써 기와를 두 줄이나 이었군요. 와공 얼굴을 좀 보세요. 마치 홍두깨흙처럼 동글동글하지요. 일부러 그렇게 그렸습니다. 흙과 와공은 한 몸이라는 뜻이겠지요. 고개를 쳐들었으니 자연스레 돼지 코가 되었습니다. 일부러 웃기려는 의도입니다. 이 와공을 잘 기억해 두세요. 내일 아주 특별한 모습으로 만날 테니까요.

한쪽 눈을 감은 목수, 한눈파는 벌거숭이, 돼지 코 사나이, 그리고 쓱쓱 떨어지는 대팻밥, 획획 날리는 기왓장이 동영상을 보는 듯합니다. 마치 옆에서 일어나는 일인 양 실감나지 않나요? 완숙한 경지에 이른 풍속화라고 해야겠지요. 열심히 땀 흘리는 모습을 생생하게 그려냈습니다.

참, 여기도 원근법에 맞지 않는 장면이 있습니다. 기둥과 받침돌이 그렇지요. 잘 보세요. 앞쪽에 있는 게 더 가늘고 작아 보이잖아요. 이미 「서당」에서도 비슷한 표현을 보았습니다. 왜 그런지 이제는 알겠지요? 그래요, 우리 그림은 눈보다 마음을 더 배려하니까요. 뒤쪽의 기둥을 보세요. 지붕에 가려 길이가 매우 짧습니다. 만약 굵기까지 가늘다고 생각해보세요. 집이 금방 무너져 내릴 듯 불안하지 않을까요? 그래서 화가는 이렇게 그린 겁니다.

얼굴도 코도
동글동글한 이 사람을
잘 기억해두세요.

「타작」, 종이에 담채, 27.0×22.7cm, 『단원풍속화첩』에 수록, 국립중앙박물관(중박 200810-381)

 무엇을 볼까요?
지주의 마음을 상징하는 물건은 무엇일까요

김홍도는 X자 구도를 즐겨 썼습니다.

이번에 흘리는 땀은 농사일입니다. 「타작」이라는 그림이지요. 타작은 이삭을 떨어서 낟알을 추려내는 일입니다. 지금은 콤바인으로 벼를 벰과 동시에 타작도 하지만 이때는 타작마당이란 게 있었습니다. 타작한 곡식이 흙과 섞이지 않도록 미리 잘 다져놓은 땅이지요. 말린 벼를 논에서 옮겨와 여기서 타작을 하는 겁니다.

아까 「기와이기」에도 일곱 명이 나왔잖아요. 여기도 일곱 명입니다. 구도 역시 X자군요. 그래서 선생님은 김홍도를 '엑스맨'이라고 부른답니다.

모두 열심히 일하는데 꼭 한 명, 팔자 늘어진 사람이 있습니다. 아예 자리를 깔고 벌러덩 누워 있네요. 긴 담뱃대에 술까지 준비했습니다. 턱을 괴고 다리도 꼬아 올린 채 누운 모습이 정말 한가해 보입니다. 좀 얄밉기는 해도 어쩔 수 없습니다. 이 사람은 땅 주인인 지주이니까요. 일은 안 하고 누워만 있으려니 심심했나 봅니다. 술을 홀짝홀짝 따라 마시다가 마음이 좀 풀렸습니다. 앞에 놓인 신발을 보세요. 가지런하지

다들 일하는데 이 사람은 팔자가 늘어졌네요.

않고 약간 벌어졌잖아요. 지주의 마음 상태를 나타낸 거지요. 그래도 앞코는 농부들 쪽을 향했군요. 언제라도 신발을 신고 뛰쳐나가려는 태세입니다. 결코 만만히 볼 사람은 아니겠어요.

 무엇을 볼까요?

왜 농민들이 더 건강해 보일까요

가운데 통나무는 개상이라고 합니다. 여기에 볏단을 내리치며 타작을 하지요. 맨 위에는 논에서 볏단을 져 나르는 사람이 보입니다. 짊어진 볏단 크기만큼이나 덩치와 웃음이 넉넉합니다. 그래도 젊으니까 힘든 일을 맡았군요. 아래쪽에는 비를 들고 흩어진 낱알을 모으는 노인이 보입니다. 이건 좀 쉬운 일이지요. 타작마당에도 장유유서는 있습니다.

짊어진 볏단 크기만큼이나 덩치와 웃음이 넉넉합니다.

가운데 네 명은 볏단을 내리치는 중입니다. 웃고 떠들고 아주 신이 났습니다. 농부들이야 오늘이 가장 행복한 날이겠지요. 한 해 농사의 결실을 보는 날이니까요. 시끌벅적한 소리가 여기까지 들리는 것 같습니다. 너무 소란스러워 화가도 그만 방심했나요. 이 중에 한 군데를 잘못 그렸습니다. 김홍도는 주로 뒷모습을 보이는 사람의 손을 잘못 그린다고 했지요. 그걸 기억한다면 이젠 금방 찾을 수 있겠지요?

원래 타작한 쌀은 지주와 소작농이 반반씩 나눠 가집니다. '반타작'이라는 말도 그래서 생겼어요. 그런데 실제로는 안 그랬습니다. 지주는 온갖 핑계를 대고 조금이라도 더 많이 가져갔지요. 농민들의 삶은 생각보다 비참했습니다. 그러니 농민과 지주는 서로 미워하는 사이이겠지요. 당연히 그림에는 둘 사이의 갈등이 나타나야 합니다. 하지만 그런 갈등은 눈을 닦고 찾아 봐도 없습니다. 오히려 즐겁고 평화로운 분위기입니다. 인상 찡그린 사람이 한 명 있습니다만 즐겁고 평화로운 분위기를 깨기에는 큰 영향을 주지 못합니다. 이상하지 않습니까?

• 노인은 비를 들고 흩어진 낟알을 모읍니다.

김홍도의 그림이기 때문입니다. 김홍도는 농민과 지주의 갈등보다는, 일하는 즐거움을 표현하고자 했습니다. 『단원풍속화첩』의 모든 그림이 그렇답니다. 만약 김홍도가 둘 사이의 갈등을 그리려고 했다면 지주의 모습은 살찌고 탐욕스럽게, 농민들은 마르고 불쌍한 모습으로 그려야 했겠지요. 여긴 반대입니다. 지주는 마르고 나약해 보입니다. 오히려 농부들이 더 건강하고 살찐 모습입니다. 이러니 어찌 갈등이 나타날 수 있겠습니까. 그래도 김홍도의 눈에 놀고먹는 지주가 조금은 얄미웠나봅니다. 저렇게 나사 풀린 모습으로 그렸잖아요.

• 오두들 신나게 볏단을 내리치고 있습니다.

『길에서 본 풍속 그림 병풍(행려풍속도병)』 중 「타작」의 부분, 비단에 담채, 90.9×42.7cm(전체 크기), 1778

    비슷한 그림이 또 있습니다. 역시 김홍도의 풍속화 병풍이지요. 병풍 그림은 주로 비단에 그립니다. 비단은 비싸니까 돈 있는 지주들이나 주문할 수 있지요. 그래서 그림도 그들의 눈높이에 맞추었습니다. 여긴 지주가 누워 있지 않고 바른 자세로 앉았잖아요. 같은 그림이라도 보는 사람에 따라 조금씩 다르게 그린 것입니다.

    이번 시간은 여기까지입니다. 잠시 쉬었다가 다시 할게요.

 더 알아봐요

지주와 소작농의 관계

땅을 많이 가진 지주는 농사를 지어줄 사람이 필요했습니다. 지주의 농사를 대신 지어주고 대가를 받는 농민들이 바로 소작농이지요. 지주와 소작농은 수확한 쌀을 반반씩 나누었습니다. 이를 병작(竝作)이라고 합니다. 병작은 서로에게 이익이었습니다. 땅이 없는 소작농은 먹을 양식이 생기고, 지주는 힘들이지 않고도 넓은 땅에 농사를 지을 수 있기 때문이지요. 이때 종자 값과 나라에 바치는 세금은 지주가 부담하는 것이 원칙이었습니다.

그런데 18세기 후반이 되자 사정이 달라지기 시작했습니다. 소작농들이 종자 값과 세금까지 내게 된 것입니다. 소작농들이 수확량의 반을 지주에게 주고 나머지에서 종자 값과 세금을 내고 나면 겨우 입에 풀칠할 정도만 남았지요. 하지만 별다른 항의도 하지 못했습니다. 지주에게 잘못 보이면 그나마 부쳐 먹던 적은 땅마저 얻지 못했기 때문입니다. 실제로 땅을 못 얻은 농민들은 떠돌이 신세가 되거나 도시로 나가 하루 벌어 하루 먹고사는 노동자가 되었습니다.

병작과 다른 도지(賭地)라는 방법도 있었습니다. 도지는 풍년이나 흉년에 관계없이 미리 정해진 양의 쌀만 지주에게 내는 방법이지요. 이게 수확량의 반이 안 되는 경우가 많아서 소작농들이 선호하였으나 문제는 흉년이 들 때였습니다. 아무리 수확량이 적어도 미리 약속한 양을 지주에게 바쳐야 했기 때문에 빚을 지기 일쑤였던 것이지요. 이래저래 농민들의 삶이 힘들기는 마찬가지였습니다.

제2교시

일그러진 양반들의 초상

「빨래터」 「나들이」 「우물가」

우리 옛 그림 학교에서는 남녀 구별 없이 함께 공부합니다. 짝도 대부분 남녀 한 쌍이지요. 이게 자연스럽고 보기에도 좋습니다. 하지만 조선 시대에는 어림없는 일이었지요. 남녀칠세부동석이라는 말도 있었으니까요.

그렇다고 서로에게 관심이 없는 것도 아니었어요. 그런데도 같이 못 있게 한다? 아무래도 재미있는 일이 생길 것만 같지요. 그렇습니다. 이번 시간은 바로 그 재미있는 일에 관한 이야기입니다. 남자들이 여자들을 찾아가서 벌어지는 사건이지요. 일을 벌이는 사람들은 모두 양반입니다. 우리가 알고 있는 점잖은 양반의 모습이 여지없이 망가지지요.

「빨래터」, 종이에 담채, 27.0×22.7cm, 『단원풍속화첩』에 수록, 국립중앙박물관(중박 200810-381)

 무엇을 볼까요?

방망이가 남자를 향한 까닭은 무엇일까요

첫 번째 그림은 「빨래터」입니다. 개울가에서 여자들이 빨래하는 평범한 장면을 담은 그림이지요. 그런데 남자 한 명이 바위 뒤에 숨어서 훔쳐보고 있습니다. 밋밋한 그림이 갑자기 아슬아슬해졌습니다. 들키면 큰일이니까요.

먼저 이 남자부터 볼까요. 옛 그림은 오른쪽 위에서부터 본다고 했지요. 처음부터 이 남자는 눈에 확 들어옵니다. 옷차림이 단정하군요. 부채까지 들었네요. 아주 점잖은 양반입니다. 그런데 저게 무슨 짓입니까. 쯔쯧! 보아하니 습관적으로 이런 곳을 찾아다니며 몰래 훔쳐보는 취미를 가졌군요.

여자들은 아무것도 모른 채 빨래를 하고 있습니다. 빨래는 집안일 중에서도 정말 힘든 일이었지요. 특히 추운 겨울날 꽁꽁 언 손을 호호 불며 빨래를 하다 보면 손등이 다 터졌을 겁니다. 다행히 여기는 여름이네요.

끄꾹! 이 선비는 몰래 훔쳐보는 나쁜 취미를 가졌네요.

여자들의 방망이가 선비 쪽을 향하고 있습니다.

빨래를 다 끝내면 머리를 손질하며 쉴 수 있습니다.

부지런히 방망이질을 하면서 옆 사람을 쳐다보며 얘기도 합니다. 빨래터는 온갖 소식을 전해 주고 또 듣는 곳이기도 하니까요. 여자들은 정말 남자가 지켜보는지 모르고 있을까요. 아닙니다. 화가는 슬쩍 가르쳐줍니다. 여자들이 들고 있는 방망이가 남자를 향했잖아요. 마치 '저기 있다'라고 가리키는 화살표 같지 않나요.

한 사람은 벌써 빨래를 끝냈습니다. 넓은 바위 위에 다 끝낸 빨래를 널어놓고는 한숨 돌리면서 정성스럽게 머리를 손질하는 중입니다. 그 아래 둥근 얼레빗과 참빗도 보이네요. 옆에 있는 철부지 아들이 자꾸 방해를 하는군요. 아랫도리는 홀딱 벗은 채 엄마 젖을 찾고 있습니다. 아주 정감 넘치는 표현입니다.

비슷한 그림이 또 있습니다. 신윤복의 「단오풍경」인데요, 여기서는 좀더 대담한 광경이 펼쳐집니다. 벌거벗고 목욕하는 장면을 훔쳐보는 남자가 등장하니까요. 한 명도 아니고 두 명이나 됩니다. 이번에는 사춘기 스님들이네요. 양반이나 스님들이나, 더 조심해야 할 사람들이 오히려 저런 짓을 하고 있습니

> **양반을 비웃은 평민들의 재치, 탈놀이**
>
> 탈놀이는 여러 가지 탈을 쓴 채 춤추고 노래하며 대사를 주고받는 놀이입니다. 지방마다 특색 있는 탈놀이가 있는데 봉산탈춤, 양주 별산대놀이, 통영 오광대놀이가 유명하지요. 탈놀이에는 서민들의 사회 비판 의식이 담겨 있습니다. 봉산탈춤에서는 양반들에게 저항하는 말뚝이를 등장시켜 양반들의 위선을 풍자하고 우스꽝스런 바보로 만들어버리지요. 당시 서민들의 감정과 애환을 살펴볼 수 있습니다.

신윤복, 「단오풍경」, 종이에 채색, 28.2×35.3cm, 조선시대, 간송미술관

다. 이성에 대한 호기심은 양반이든 스님이든 가리지 않고 똑같나 봅니다. 이 그림에는 훔쳐보는 사람이 왼쪽 위에 그려졌습니다. 눈에 잘 안 띄는 곳이지요. 그래서 좀더 은밀한 느낌이 듭니다.

「훔쳐보기」, 종이에 담채, 27.0×22.7cm, 『단원풍속화첩』에 수록, 국립중앙박물관(중박 200810-381)

 무엇을 볼까요?

비슷한 그림이 왜 이렇게 많을까요

단란한 가족은 시장에 가는 듯, 짐을 잔뜩 지고 갑니다.

훔쳐보는 광경을 담은 그림은 또 있습니다. 역시 주인공은 부채를 든 양반이군요. 그래도 「빨래터」나 「단오풍경」처럼 노골적이지는 않습니다. 지나가는 여인을 살짝 엿보는 중이니까요. 그래서 제목도 「훔쳐보기」입니다. 이 정도 갖고 뭘 그러느냐고요? 천만에요. 옛날 선비들은 말을 타고 갈 때도 앞만 봐야 했답니다. 그러니 이 선비의 행동도 몹쓸 짓이지요.

먼저 여인 일행부터 볼까요. 아무래도 한 가족 같지요. 아들 두 명을 둔 단란한 가족. 남편이 몹시 자상하군요. 부인은 소에 태우고 자기는 걸어가잖아요. 등에는 아이를 업고 짐까지 졌습니다. 수탉도 한 마리 보이네요. 어디 시장에 팔러 가는 걸까요.

여인은 머리에 장옷을 썼습니다. 외출할 때는 저렇게 얼굴을 가려야 했거든요. 다른 손으로는 아이를 꼭 잡고 있네요. 아무리 살펴도 특별한 데 없는 평범한 여인 같습니다. 그런데도 선비는 흘끗흘끗 훔쳐보네요.

선비는 겉모습이 번지르르 합니다. 갓을 쓰고 옷도 잘 갖춰 입었습니다. 그런데 그만 부채 속에 반쯤 가려진 눈이 가자미처럼 되었군요.

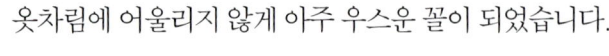

선비 눈
부채로 얼굴을 가리고
흠끗 흠끗,
여인을 훔쳐 봅니다.

옷차림에 어울리지 않게 아주 우스운 꼴이 되었습니다. 이뿐이 아닙니다. 선비가 탄 나귀를 보세요. 상대적으로 튼실한 소에 비하여 아주 초라한 모습입니다. 걸어가는지 끌려가는지도 모를 만큼 작아요. 더구나 젖을 물고 따라가는 새끼까지 딸렸습니다. 저런, 나귀가 한 마리밖에 없었군요. 몸을 푼 지 얼마 되지도 않은 어미 나귀를 끌고 나왔나 봅니다. 하하하, 구종벼슬아치를 모시고 말을 끌거나 심부름을 하는 하인까지도 맨발입니다. 선비, 나귀, 나귀를 끄는 구종 모두 우스운 모습이군요. 선비 체면을 혼자 다 구기고 있습니다. 보잘 것 없는 사람이라면 덜 이상할 텐데, 점잖은 양반이 저러니 더욱 꼴사납습니다.

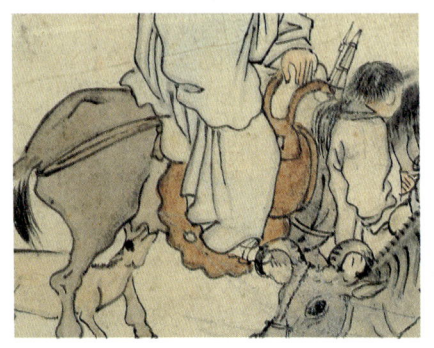

부실한
나귀와 허름한
차림새의 구종……
선비 체면이 말이
아닙니다.

이런 작품이 의외로 많습니다. 김홍도가 그린 풍속화 병풍에 두 점이나 있거든요. 첫 번째 그림은 「훔쳐보기」와 거의 똑같습니다. 누가 봐도 우스운 장면입니다. 위쪽에 시가 한 편 적혀 있군요. "소등에 탄 시골 여인, 무얼 그리 예쁘다고 나그네 말고삐 늦추어 쳐다보는가, 그 모습이 우스워 배꼽 잡겠네." 분명히 훔쳐보는 선비를 조롱하는 내용입니다. 다른 그림도 비슷하긴 마찬가지입니다.

어찌된 노릇일까요. 이렇게 비슷한 그림이 세 점이나 되다니요. 아

『길에서 본 풍속 그림 병풍』 중 「나그네의 곁눈질 1(노상풍정)」, 비단에 담채, 90.9×42.7cm, 국립중앙박물관
『길에서 본 풍속 그림 병풍』 중 「나그네의 곁눈질 2(파안흥취)」, 비단에 담채, 90.9×42.7cm, 국립중앙박물관

니, 아까 보았던 「빨래터」「단오풍경」까지 치면 손가락이 꽉 찰 정도입니다. 실제로는 더 많았겠지요. 틀림없이 굉장한 인기를 누렸던 주제일 겁니다. 그러니 저토록 줄기차게 그렸겠지요. 요즘 영화도 흥행이 잘 되면 계속 속편을 만들잖아요. 그런 경우와 마찬가지예요. 저토록 인기를 끈 이유가 대체 무엇일까요. 아무래도 한 가지 이유만으로는 설명하기 어렵겠지요.

첫 번째는 웃음을 주려는 의도입니다. 점잖은 선비들이 저런 가자미눈을 하거나 도둑처럼 숨어 있으면 누구라도 웃지 않을 수 없거든요. 안 그래도 빡빡한 삶에 윤활유가 되었음이 틀림없습니다.

두 번째는 호기심의 충족입니다. 아무리 남녀가 유별해도 서로에 대한 호기심마저 빼앗는 건 불가능합니다. 인간의 본능이기 때문이지요. 이렇게 해서라도 호기심을 채워야지요. 사실 이전에는 이런 그림조차 용서 되지 않았습니다. 이제는 사람들이 자신의 감정에 좀더 충실해졌고 사회는 이것을 받아들일 만큼 너그러워졌다는 뜻도 됩니다.

마지막으로 양반들에 대한 풍자입니다. 겉으로만 점잔을 빼던 양반들이 날카로운 예술가의 눈에 곱게 보일 리가 없지요. 그래서 같잖은 위세만 부리던 양반을 웃음거리로 만든 것입니다.

> **조선 시대의 남녀유별**
>
> 조선시대 윤리의 기본이 되는 삼강오륜에는 '부부유별'이라는 말이 있습니다. 남편과 아내의 차이를 뚜렷이 구분해놓은 것이지요. '남녀칠세부동석'이라는 말처럼 남녀는 조금만 커도 함께 앉아 있지도 못했어요. 그래서 여자들은 거리를 다닐 때 장옷이나 쓰개치마로 얼굴을 가렸고 남자들도 부채를 갖고 다니면서 필요할 때 얼굴을 가렸답니다.
> 사실, 남녀를 구별한다기보다는 여자를 무시하려는 뜻이 강했습니다. 결혼한 여자들은 이름 대신 성을 썼고 사회생활에 참여할 기회가 거의 없었습니다.

「우물가」, 종이에 담채, 27.0×22.7cm, 『단원풍속화첩』에 수록, 국립중앙박물관(중박 200810-381)

 무엇을 볼까요?

남자의 얼굴은 어떻게 생겼나요

경우는 좀 다르지만 비슷한 그림이 또 있습니다. 이번에는 아주 대담해졌습니다. 이 남자는 여자들이 있는 곳으로 직접 쳐들어갔거든요. 용기 있는 사나이라고요? 그렇기는 한데, 가만 보아하니 사나이 꼴이 말이 아니군요. 어물전 망신은 꼴뚜기가 다 시킨다고 했는데, 남자 망신은 이 양반이 다 시키고 있습니다.

● 네 명의 사람들이 오른쪽 위에서 왼쪽 아래로 내리 그은 사선 위에 있습니다.

「우물가」라는 그림입니다. 한 남자가 동네 우물가에서 물을 얻어 마시는 장면이지요. 무엇보다도 구도가 매우 독특합니다. 네 명의 사람들이 오른쪽 위에서 왼쪽 아래로 쭉 내리그은 사선 위에 있습니다. 사람들을 색다르게 배치해 세련된 맛을 줍니다.

물을 얻어 마시는 남자부터 볼까요. 그림을 보는 순간 이 남자 때문에 웃지 않을 수 없습니다. 너무도 우스꽝스럽게 생겼잖아요. 옷차림부터 그렇습니다. 앞섶을 확 풀어헤쳐 맨살이 다 드러났습니다. 속에는 저고리도 입지 않았군요. 더구나 갓도 벗어서 뒷짐에 걸었어요. 세상에 가장 꼴불견 중 하나가 양반이 갓을 벗은 모습이라고 합니다. 「타작」의 지주조차도 갓은 벗지 않았는데요.

　얼굴 모양도 울퉁불퉁합니다. 두 눈 사이는 한 참이나 벌어졌습니다. 코는 돼지 코에 목은 짧은 자라목, 턱과 코밑에 붙은 수염은 다 헤진 염소 수염이군요. 게다가 상투는 뒤로 훌쩍 넘어갔습니다. 터져 나오는 웃음을 참을 수 없습니다. 그런 사내가 벌컥벌컥 물을 마시고 있군요. 어지간히 목이 말랐나봅니다.

● 남자의 허술한 차림새가 웃음을 감지 못하게 합니다.

 무엇을 볼까요?

여인은 왜 태껸 자세로 서 있을까요

　물을 건네주는 여인은 정반대이군요. 남자와 비교할 수 없을 정도로 단정하고 예쁘장합니다. 달걀 같은 얼굴에 곱게 빗은 머리, 신발도 아주 맵시 있습니다. 그렇지만 몹시 수줍어하는 성격인가 봅니다. 남자를 정면으로 바라보지 못하고 고개를 돌렸잖아요. 손 둘 곳도 몰라 두레박줄만 살며시 쥐고 있습니다.

● 마치 태껸을 하는 듯한 여인의 자세는 많은 것을 말해 줍니다.

뭐니 뭐니 해도 압권은 다리입니다. 마치 태껸이라도 하는 듯한 자세이거든요. 잘 보세요. 치마가 살짝 튀어나왔지요? 물을 건네주려니 어쩔 수 없이 남자 쪽으로 왼쪽 무릎을 굽혔습니다. 그런데 오른쪽 발끝은 반대로 향했습니다. 물을 주지만 마음만은 아니라는 뜻이지요. 수줍은 여인의 마음을 효과적으로 나타내는 절묘한 묘사입니다.

그런데 잘 보면 젖꼭지가 살짝 삐져나와 있군요. 아까 빨래터에서도 그랬고, 신윤복의 「단오풍경」에도 이런 차림의 여인들이 있었습니다. 요즘도 이런 옷차림은 없는데, 조선 시대에 과연 어울리기나 한 옷차림일까요? 이런 옷차림에 대해서는 여러 가지 의견이 있습니다. 젊은 여인들 사이에 유행했던 옷차림이라고도 하며, 아들 낳은 여자들만의 특권이라고도 하고, 신분이 낮은 노비들의 옷차림이라고도 합니다. 과연 어떤 게 맞을까요?

이 그림은 우스꽝스런 남자를 등장시켜 웃음을 자아냅니다. 물 항아리를 인 채 오도 가도 못하는 여인은 웃음을 더해주고 있습니다. 게다가 주인공 남녀의 모습은 정반대로 그렸습니다. 에둘러 양반을 풍자까지 했지요. 정조 임금이 도화서 시험에 "나를 웃길 수 있는 그림을 그려라"라는 문제를 낸 적이 있잖아요. 이 그림을 보여주었다면 틀림없이 1등으로 뽑혔을 겁니다.

● 물동이를 인 이 여인은 물을 길자면 우물가로 가야 하는데 남자가 있어 망설이는 눈치입니다.

 어떤 사람일까요

여인들을 그리다가 도화서에서 쫓겨난 신윤복

　김홍도와 같은 시대를 살면서 풍속화로 쌍벽을 이루었던 화가로 신윤복이 있습니다. 신윤복의 집안은 대대로 화원이었는데 아버지 신한평 역시 뛰어난 화가들만 모였던 궁중자비대령화원이었습니다.

　신윤복도 아버지의 솜씨를 물려받아 도화서 화원이 되었습니다. 하지만 신윤복은 도화서의 형식적인 그림에 적응하지 못하고 여인들의 모습에 화려한 색깔을 입힌 그림을 그리다가 도화서에서 쫓겨났습니다. 당시에는 여인들 그림과 화려한 색을 입힌 그림은 금기시되었기 때문이지요.

　도화서를 나온 신윤복은 있을 곳을 정하지 못하고 이곳저곳 돌아다니면서 그림을 그렸습니다. 신윤복 정도의 솜씨라면 양반집에서 먹여주고 재워주면서 그림을 그릴 수도 있었을 텐데 그런 기록이 전혀 남아 있지 않은 걸 보면 철저하게 따돌림을 받았던 것 같습니다. 그래도 그는 계속해서 여인들의 모습을 많이 그렸습니다. 특히「미인도」는 그의 솜씨를 잘 보여주는 뛰어난 걸작이지요.

　신윤복의 작품은『혜원전신화첩』에 많이 들어 있습니다. 거기에 들어 있는 풍속화 대부분은 양반들과 어울려 놀고 있는 기생들이나 남녀 사이의 사랑을 표현한 것들입니다. 어떻게 보면 신윤복은 시대를 앞서간 화가라고도 할 수 있어요. 만약 도화서에 남아서 그림을 계속 그렸더라면 조선의 그림 역사가 달라졌을지도 모르는 일입니다.

신나는 중간놀이

몸과 마음을 두루 닦다

「활쏘기」

어제 고누놀이는 재미있던가요? 오늘 아침운동을 끝내고 운동장에 몇 사람이 쪼그려 앉아 고누를 두던데, 역시 여러분은 똑똑하군요. 배운 걸 금방 활용했으니까요. 오늘은 좀더 활동적인 놀이입니다. 사실 큰맘을 먹어야 할 수 있으니 놀이라고 하기에는 좀 뭣한데요. 바로 활쏘기이거든요.

옛날 선비들은 앉아서 책만 읽은 게 아니에요. 틈이 날 때면 활쏘기도 했지요. 몸을 많이 움직이지 않으면서도 운동이 되고 덩달아 마음의 수양까지 되었으니까요. 지금 우리나라 양궁이 세계 최고의 솜씨를 자랑하잖아요. 이게 다 전통의 대물림이지요. 그래서 김홍도는 『단원풍속화첩』에 활쏘기 그림을 넣는 걸 잊지 않았어요.

「활쏘기」, 종이에 담채, 27.0×22.7cm, 『단원풍속화첩』에 수록, 국립중앙박물관(중박 200810-381)

 무엇을 볼까요?

왼발과 오른발을 왜 바꾸었을까요

「활쏘기」라는 그림입니다. 네 명이 등장하는군요. 한 사람만 옷차림이 다르네요. 갓 쓰고 전복을 입은 걸 보니 활쏘기 과외선생님인가 봅니다. 나머지 세 명은 배우는 학생이겠지요. 표정이 각자 다릅니다. 여유만만한 사람, 야무진 사람, 그리고 어정쩡한 사람까지.

여유만만한 사람부터 보겠습니다. 오른쪽 바위 위에 걸터앉았군요. 한쪽 다리를 걸친 채 화살의 곧기를 살펴보고 있습니다. 조금 전 쏜 화살이 잘 맞았는지 즐거운 표정입니다. 이 사람도 한쪽 눈을 감았군요. 「기와이기」에서도 이런 사람을 본 적이 있지요? 김홍도다운 사실적이고 생생한 표현입니다.

아래쪽 사람은 야무져 보입니다. 쪼그리고 앉아 뭘 하고 있냐고요? 활을 일으키는 중이지요. 저렇게 해야 활에 탄력이 생깁니다. 활의 양쪽 끝 머리를 잡고 힘을 쓰려니 입은 저절로 앙 다물어졌습니다.

왼쪽 사람은 활을 막 쏘려는 참입니다. 그런데 한눈에 보기에도 어정쩡한 자세군요. 초보자인가 봐요. 교관이 뒤에서 어깨까지 잡고 자세를 교정해 주는데도 왠지 불안합니다. 왜냐고요? 지금 손과 발이 어긋

● 김홍도다운 사실적이고 생생한 표현을 이 사람에게서도 볼 수 있습니다.

나 있거든요.

　이 사람은 왼손잡이입니다. 왼손으로 화살을 잡았으니까요. 그럼 오른발이 앞으로 나가야합니다. 하지만 이 사람은 왼발을 앞으로 내밀고 있습니다. 아주 어색합니다. 잘못 그렸다고요? 아닙니다. 서툰 활솜씨를 강조하려고 일부러 그렇게 그린 것입니다. 보통 화가들이 흉내 낼 수 없는 기막힌 표현이지요.

　활시위도 겨우 턱 밑까지만 당겼습니다. 요즘 양궁은 저렇게만 당겨도 되는데 우리 전통 활쏘기에서는 어깨까지 쭈우 당겨야 합니다. 과녁까지 거리가 100미터가 훨씬 넘기 때문에, 그렇게 당겨야 화살이 멀리 가지요.

야무져 보이는 이 사람은 활을 일으키는 중입니다.

 무엇을 볼까요?

또 다른 왼손잡이는 누구일까요

　원래 옛날에는 왼손잡이를 꺼려했습니다. '외다'라는 말부터가 옛날에는 '그르다'라는 뜻으로 쓰였고, '오른'은 옳다는 뜻이잖아요. 그래서 아기들이 왼손을 쓰면 막 야단을 쳐서 바꾸게 했대

활솜씨가 썩 신통치 않다는 게 한눈에 들어옵니다.

강희언, 『활쏘기』, 종이에 담채, 26.0×21cm, 『사인삼경도첩(士人三景圖帖)』에 수록, 개인 소장

요. 그런데 『단원풍속화첩』에는 의외로 왼손잡이가 많습니다. 한 번 찾아보세요.

「주막」의 주모, 「기와이기」의 돼지 코 와공, 「빨래터」의 방망이질하는 여인, 다음에 나오는 「시주」의 목탁 두드리는 스님, 그리고 내일 볼 「무동」의 대금과 향피리가 모두 왼손잡이입니다. 「활쏘기」에도 왼손잡이가 또 한 명 있습니다. 찾아낼 수 있을까요?

팔에 찬 팔지를 보면 됩니다. 팔지는 활을 쏠 때 소맷자락이 펄럭이는 걸 막아주거든요. 그럼 팔지를 오른손에 찬 사람이 왼손잡이가 되는 거시요. 그렇습니다 쪼그리고 앉아 화살을 일으키는 사람이 왼손잡이입니다.

활 쏘는 그림이 또 있습니다. 강희언의 「활쏘기」입니다. 비슷한 내용입니다만 아차, 뭔가 다르네요. 활 쏘는 사람 말입니다. 여긴 아주 자신만만하잖아요. 어깨까지 활을 쭉 당겼습니다. 오른발도 앞으로 나와 있지요. 전혀 어색하지 않군요. 그래서 선생님이 빠졌습니다. 앉아서 활을 일으키는 사람은 똑같군요. 역시 왼손잡이입니다.

이 그림이 김홍도의 「활쏘기」와 결정적으로 다른 점은 뭘까요? 그렇습니다. 저 멀리 빨래하는 여인들이 보이는군요. 어디서 많

왼손잡이의 슬픔

옛 분들은 왼손을 부정하게 여겼습니다. 말부터가 '왼'은 틀리다, '오른'은 옳다라는 뜻이지요. 그래서 아기들이 왼손을 쓰면 억지로 오른손으로 바꿔 쓰게 훈련을 시켰습니다. 지금까지도 그 관습이 남아 있어 왼손잡이는 살기가 불편해요. 지하철 승차권 투입구도 모두 오른쪽에 있고 대학교 강의실의 책걸상도 오른손잡이만을 위한 것입니다. 하지만 왼손잡이는 유전입니다. 그래서 왼손잡이에게 억지로 오른손을 쓰게 하면 성격과 지능 발달에도 영향을 미친다고 하네요. 풍속화에 보이는 왼손잡이들은 오른손잡이로 바꾸는 걸 포기하고 천성대로 사는 사람들이라 할 수 있겠습니다.

강희언은 누구일까요?

강희언(1738~?)의 호는 담졸이며 역시 중인 출신인 김홍도와 아주 가까운 사이였습니다. 그 또한 그림을 잘 그렸는데 특히 「돌 깨는 석공」이라는 풍속화와 「인왕산도」라는 산수화가 유명합니다. 강희언과 김홍도는 서로의 집을 오가며 모임을 갖고 그림도 그렸습니다. 강희언의 집에서 그린 김홍도의 '풍속도 병풍' 그림이 지금도 남아 있으며, 김홍도의 집에서 음악을 연주하며 모임을 갖는 모습을 담은 「단원도」라는 그림도 두 사람의 우정을 보여주는 그림으로 지금까지 전해져옵니다.

이 보던 장면이라고요? 「빨래터」에서 보았잖아요. 그럼, 이 그림은 「빨래터」와 「활쏘기」를 합쳐놓은 셈이네요.

이 그림을 그린 화가 강희언은 김홍도와 매우 친한 사이였습니다. 나이는 강희언이 몇 살 더 많았지만 두 사람은 친구처럼 지냈다고 합니다. 서로의 집을 오가며 그림을 그렸지요. 당연히 서로의 작품도 자주 보았겠고 비슷한 주제로 그림도 그렸던 게지요.

사실 활쏘기는 놀이가 아닙니다. 체력 단련과 정신 수양에 좋은 운동입니다. 활시위를 당기려면 많은 힘이 필요하고, 과녁을 맞히려면 정신을 집중해야 했으니까요. 글공부에 힘쓰느라 몸이 약해진 선비들에게 더할 나위 없는 운동이었지요. 그러니 저런 장면이 곳곳에서 벌어졌을 겁니다. 정조 임금 또한 활을 아주 잘 쏘았다고 전해집니다.

이제 여러분이 직접 활을 쏠 차례입니다. 정말 쏘냐고요? 그럼요. 우리 옛 그림 학교의 중간놀이는 피해갈 수 없습니다. 아까 활 쏘는 사람을 보고 많이들 웃었지요. 두고 보겠습니다. 여러분 중에도 그런 사람이 있는지. 그걸 보고 웃어야 할지, 말아야 할지 고민이군요. 그럼, 활터로 가 볼까요.

제3교시

역사 퍼즐 맞추기
「시주」「자리 짜기」「담배 썰기」

풍속화는 옛 분들의 생활 모습을 담은 그림입니다. 찬찬히 살피면 그 시대의 삶을 오롯이 되살려낼 수 있지요. 더 나아가면 그 시대의 역사까지 알 수 있습니다. 물론 책처럼 완전하지는 않습니다. 몇 개씩 조각난 채로 흩어져 있으니까요. 그래도 이리저리 궁리하다보면 어느 순간 딱 맞춰지는 때가 있을 겁니다.

이번 시간에 읽으려는 세 점의 그림이 그렇습니다. 사실 『단원풍속화첩』에서도 그다지 알려지지 않은 작품들이지요. 그렇지만 그 시대의 역사를 읽어낼 수 있는 실마리가 보입니다. 그 실마리를 잡고 조선의 역사를 끄집어내는 것이지요.

「시주」, 종이에 담채, 27.0×22.7cm, 『단원풍속화첩』에 수록, 국립중앙박물관(중박 200810-381)

 무엇을 볼까요?

바닥에 놓인 이상한 그림은 무엇일까요

첫 번째 그림은 「시주」입니다. 길 가던 여인이 탁발하는 스님 앞에서 잠시 멈춰 섰군요. 치마를 훌떡 걷어 올리고 쌈짓돈을 꺼내는 순간입니다. 시주불교에서 절이나 스님에게 물건을 바치는 일를 하려는 거지요.

옆에는 광주리를 인 여종이 보입니다. 시주하는 여인이 부리는 종이겠지요. 그럼, 시주하는 저 여인은 지체 높은 양반 댁 마님이겠네요. 아, 그런데 가마를 타지 않았습니다. 남자 앞에서 치마도 훌떡 걷었습니다. 아무래도 양반 댁 마님이 할 만한 일 같지 않은데요.

그렇습니다. 이 여인의 신분은 기생입니다. 기생들도 부리는 종이 있었거든요. 그래도 마음 씀씀이가 참 곱습니다. 넉넉한 형편도 아닐 텐데 선뜻 쌈지를 열었으니까요. 요즘에도 힘들게 돈을 벌어 좋은 일에 쓰는 사람들이 종종 있잖아요. 어렵게 번 돈을 남을 돕는 데 쓰는 건 훨씬 값어치가 있는 법이지요. 이 여인의 마음도 그럴 겁니다.

스님은 두 명이군요. 송낙을 쓴 스님은 목탁

여인은 치마를 걷어 올려 쌈짓돈을 꺼냅니다.

스님의 복장

송낙 '송라'라는 풀을 우산처럼 엮어 만든 모자로 초기에는 주로 여승들이 썼습니다.
고깔 승려나 무당 또는 농악대들이 머리에 쓰는 위 끝이 뾰족하게 생긴 모자를 말합니다.
장삼 검은 베로 만든, 길이가 길고 품과 소매를 넓게 만든 스님들의 윗옷입니다.
가사 스님들이 장삼 위에다 왼쪽 어깨에서 오른쪽 겨드랑이 밑으로 걸쳐 입는 옷을 뜻합니다.

모연문 위에
사람들이 던져 놓은
엽전이 보입니다.

을, 고깔을 쓴 스님은 광쇠를 두드리고 있습니다. 지나가는 사람들을 불러 모으려는 게지요. 염불도 열심히 외고 있네요. 둘 다 입을 크게 벌렸잖아요. 바닥에 깔아놓은 건 뭐냐고요? 모연문(募緣文)이라고 합니다. 좋은 일 많이 하라고 권하는 글이지요. 이렇게 모연문을 펼쳐놓고 염불을 하면 지나가는 사람들이 엽전을 던지곤 했답니다. 그림에도 사람들이 던져놓은 엽전이 몇 푼 보이네요.

 무엇을 볼까요?

기생들이 절로 간 까닭은 무엇일까요

이 그림에는 좀 서글픈 조선의 역사가 담겨 있습니다. 천대받던 스님과 기생에 관한 이야기이니까요. 여러분도 잘 알듯이 조선은 유교 국가였습니다. 불교는 법으로 금지했지요. 그래서 절간도 많이 없애고, 스님들도 함부로 성안에 들어오지 못하게 했습니다.

그렇지만 이렇게 막아도 불교를 뿌리 뽑지는 못했습니다. 1천 년 이상을 이어온 종교가 하루아침에 사라질 리는 없지요. 몰래 불교를 믿는 사람들이 많았습니다. 주로 여자들이었습니다. 이들은 틈만 나면 절로 가서 가족의 행복과 건강을 빌었지요. 여기에는 많은 기생들도 포함됩니다.

기생 역시 양반들의 치다꺼리나 하면서 천대 받던 신분이었습니다. 현실에서는 결코 행복한 삶을 누릴 수 없었지요. 이들은 다음 세상에서 행복한 삶을 꿈꾸며 불교에 의지했습니다. 불교에서는 윤회설을 믿으니까요. 절을 찾기도 했지만 길을 가다가도 탁발스님이 염불을 외며 집집마다 돌아다니며 동냥하는 일하는 스님을 만나면 선뜻 시주를 했습니다. 비록 푼돈일 망정 스님들에게는 하루의 끼니가 되었고 자신들에게는 복된 내세를 약속하는 희망이었을 겁니다. 잘 보세요. 시주하는 여인의 입가에 작은 미소가 번지잖아요. 그러니까 이 그림은 천대받던 사람들끼리 서로 돕고 사는 이야기입니다. 흩어진 역사의 퍼즐은 이렇게 맞춰지는 거지요. 김홍도는 천대받던 사람들의 삶도 빠뜨리지 않았습니다.

이런 광경은 흔했나 봅니다. 신윤복의 그림에도 몇 점 있거든요. 모두 흔쾌히 시주하는 사람의 모습을 담고 있습니다. 그런데 스님들도 공치는 날이 있었겠지요. 이걸 그린 화가도 있습니다. 오명현의 「탁발」이라는 작품이지요.

조선의 불교

약 2500년 전 인도의 석가모니가 창시한 불교는 고구려 때 우리나라에 들어왔습니다. 이후 신라, 고려를 거치면서 전성기를 맞았으나 많은 사람들과 재산이 절로 몰리면서 폐단도 생겨났지요. 조선을 건국한 유학자들은 이런 폐단을 고치고자 유학을 장려하고 불교를 억누르는 '숭유억불' 정책을 썼습니다. 절에 많은 세금을 물렸으며 함부로 승려가 되지 못하게 했고 승려들의 도성 출입도 막았던 것이지요. 그래서 지금도 절이 산 속에 있는 경우가 많은 거예요. 그럼에도 불구하고 불교는 왕실과 부인들 사이에 널리 퍼졌답니다.

오현명, 「탁발」, 비단에 담채, 18.3×28cm, 개인 소장

　　종일 기다려도 시주하는 사람이 없자 스님은 걱정이 태산입니다. 부처님께 공양도 드려야 하고 끼니도 이어야 하니까요. 그때 마침 꼬마 녀석이 하나 나타났습니다. 앉아서 스님을 뚫어지게 바라보는군요. 주머니를 만지작거리며 시주를 할까 말까 망설이는 모습에 절로 웃음이 나옵니다. 아이를 슬쩍 곁눈질하는 스님의 눈길은 더 우습지요. 어려운 상황을 이렇듯 해학 넘치게 묘사한 옛 분들의 낙천성이 엿보입니다.

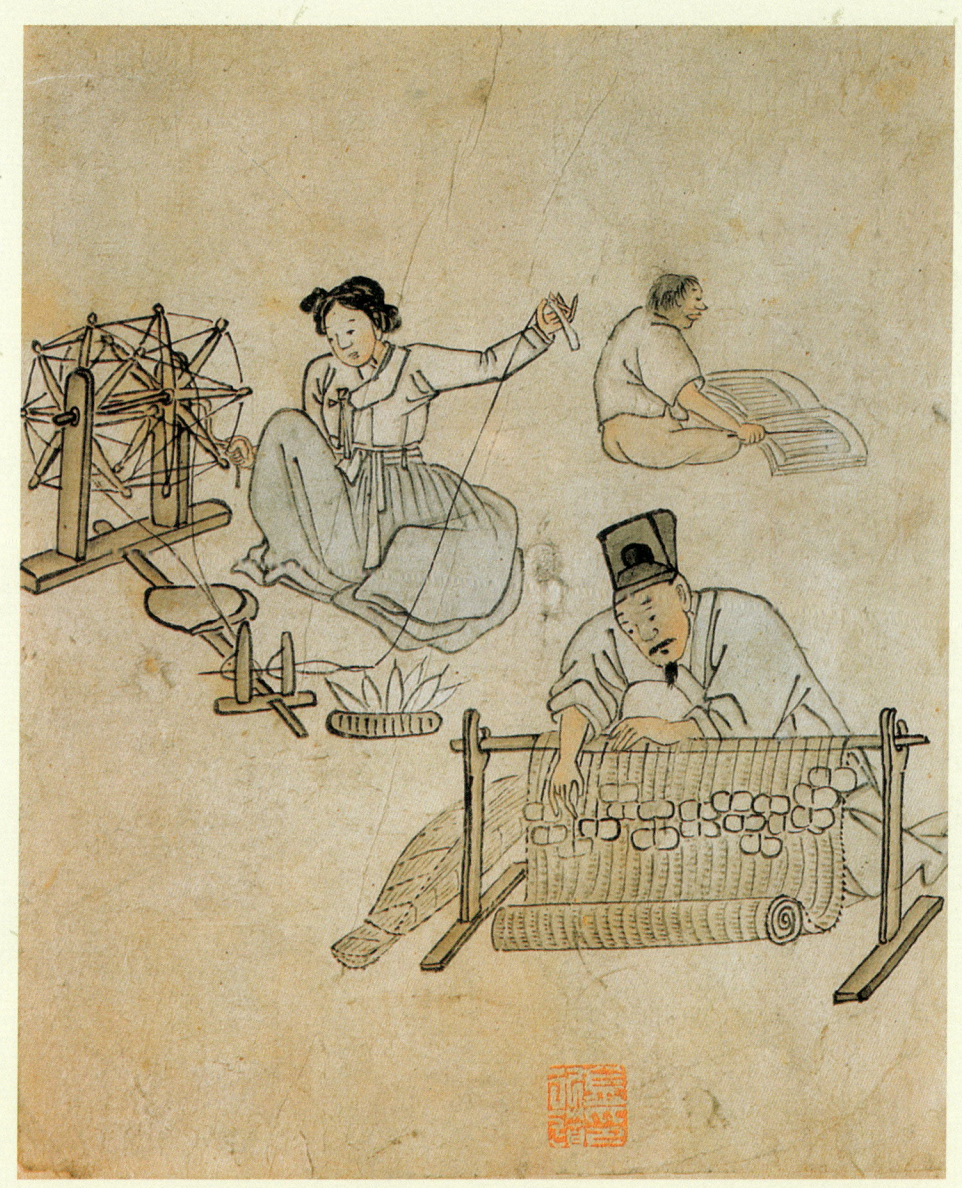

「자리 짜기」, 종이에 담채, 27.0×22.7cm, 『단원풍속화첩』에 수록, 국립중앙박물관(중박 200810-381)

어머니는
능숙한 동작으로
물레를 돌립니다.

사방건을 쓰고
자리를 짜고 있는
것으로 보아 몰락한
양반임을 알 수
있습니다.

🔍 무엇을 볼까요?

아들이 읽는 책은 왜 저리 커 보일까요

이번에는 「자리 짜기」라는 그림입니다. 온 가족이 한 방에 모여 있군요. 방이 하나인 걸 보니 가난한 살림 같습니다. 아니나 다를까, 아버지와 어머니가 모두 일을 하는군요. 둘이 애써 벌어야 입에 풀칠이라도 하지요.

어머니는 물레를 돌립니다. 물레는 솜에서 실을 잣는 기구이지요. 한손으로 꼭지마리_{물레의 손잡이}를 돌리고 또 한손으로는 실을 대롱에 감습니다. 아주 능숙한 동작이군요.

아버지는 자리틀 앞에 앉았습니다. 자리틀은 볏짚이나 왕골로 자리를 짜는 기구이지요. 고드랫돌_{돗자리를 엮을 때 날을 감아 매어 늘어뜨리는 주먹만 한 돌}을 이리저리 넘겨가면서 자리를 짜는 모습이 숙연합니다. 머리에는 사방건을 썼습니다. 양반들이나 쓰는 모자이지요. 그런데 돈 많은 양반이 저런 일을 할 리 없습니다. 그렇습니다. 형편이 몹시 어려워졌나 봅니다. 먹고살기 위해 어쩔 수 없이 이 일을 하는 거지요. 몰락한 양반 가문의 서글픔이 진하게 묻어 나옵니다.

떠꺼머리 아들은 구석에서 책을 읽습니다. 지그시 눈을 내리깔고 막대기로 글자를 짚어가며 공부하는 모습이 인상적입니다. 아들 덩치에 비해 책이 너무 커 보이지요? 이들의 만만찮은 미래를 암시하는 것 같습니다.

이번에는 어떤 퍼즐이냐고요? 조선의 뼈대를 이루었던 신분제에 관한 이야기입니다. 아시다시피 조선에는 양반과 상민이라는 신분이 있었지요. 다수의 상민들은 생업에 종사하고 글공부를 한 소수의 양반들만 벼슬을 했잖아요. 여간해서는 무너뜨릴 수 없는 단단한 제도였습니다.

그런데 김홍도가 살던 시대부터 신분제에 서서히 금이 갑니다. 장사를 해서 큰돈을 번 상민들이 떵떵거리며 살기도 하고, 가난한 양반들은 생계조차 잇기 막막했지요. 양반들이라고 모두 부자는 아니었으니까요. 이 그림에 무너져가는 신분제의 역사가 담겨 있습니다. 생계를 잇기 위해 어쩔 수 없이 일하는 양반을 그렸으니까요.

그래도 이 양반은 옛날의 영광을 잊지 못합니다. 유일한 희망인 아들에게는 공부를 시키잖아요. 아들이 과거시험에 합격하면 무너진 가문이 다시 일어서는 거지요. 그러니 묵묵히 참고 일하는 것입니다. 양반이 쓴 사방건은 과거, 생계를 위한 자리 짜기는 현재, 그리고 공부하는 아들은 미래를 상징한다고 할 수 있지요. 조선 시대의 신분제도에 대한 역사 퍼즐이 정확하게 맞춰집니다.

떠꺼머리 아들은 앞날을 위해 책을 펴고 공부를 합니다.

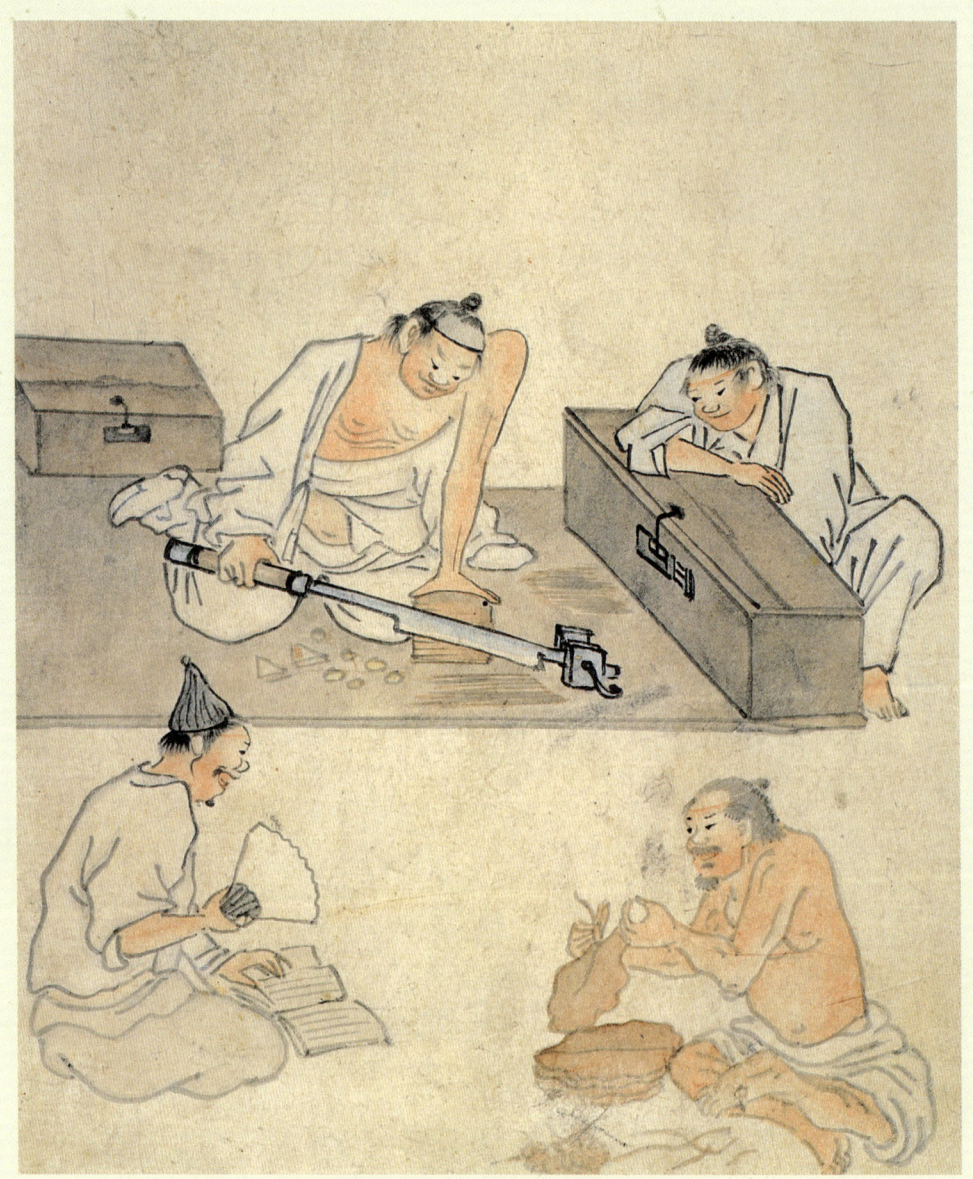

「담배 썰기」, 종이에 담채, 27.0×22.7cm, 『단원풍속화첩』에 수록, 국립중앙박물관(중박 200810-381)

이런 그림을 그린 까닭은 무엇일까요

이번에는 좀 낯선 그림입니다. 처음 보는 사람은 무얼 하는 장면인지도 잘 모를 겁니다. 제목을 듣고 나서야 무릎을 탁 치겠지요. 바로 「담배 썰기」이니까요.

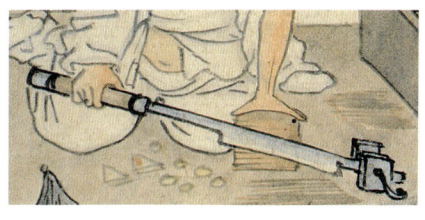

작두로 담뱃잎을 썰고 있습니다. 손에 잔뜩 힘이 들어가 있네요.

담배는 밭에서 자라는 잎이 넓은 식물입니다. 옛날 사람들은 이 잎을 따서 말린 다음, 얇게 썰어 담배로 피웠지요. 이게 담배를 써는 장면입니다. 보통은 칼로 썰고 시장 상인들은 작두를 썼다니까 여긴 시장 안인가 봅니다.

맨 윗사람이 작두(풀이나 짚을 써는 연장)로 담배를 썰고 있습니다. 잘 보면 담뱃잎을 움켜쥔 왼손이 참 재미있습니다. 간단하게 두 개의 손가락으로만 표현했잖아요. 힘주는 모습을 강조하려고 그랬겠지요. 여러분도 칼로 물건을 잘라보세요. 칼보다는 물건을 움켜 쥔 손에 힘이 더 갈 겁니다.

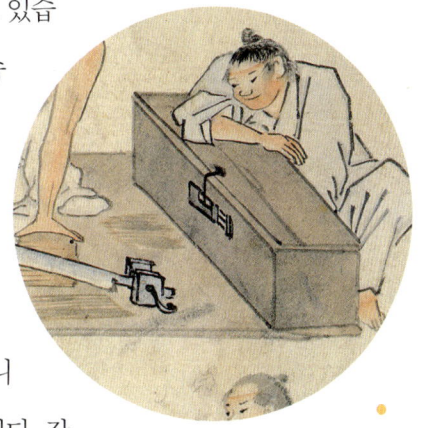

담배 써는 기술을 배우느라 열심히 지켜 보고 있어요.

담배는 회를 치듯 썰고, 가늘면 가늘수록 좋습니다. 실오라기나 머리카락 같아야 최상품으로 쳤답니다. 작두 아래 좀 보세요. 썰어 놓은 담배가 실오라기처럼 가늘지요. 솜씨가

담뱃잎을 반으로 갈라 필요 없는 줄기를 빼내고 있습니다.

제법인가 봅니다. 오른쪽 담배 보관함에 기대어 유심히 지켜보는 사람이 있습니다. 아마 담배 써는 기술을 배우는 중이겠지요. 두 사람 다 건장하고 잘 생겼습니다.

아래쪽 벌거벗은 사람은 담뱃잎을 다듬고 있습니다. 담뱃잎을 반으로 갈라 가운데 줄기는 빼내는 중이지요. 담배를 만드는 데 줄기는 필요 없거든요.

왼쪽이 주인입니다. 부채를 부쳐가며 책을 읽는군요. 재미있는 이야기책이라고요? 그렇게 보는 사람도 있습니다만, 선생님 생각은 좀 다릅니다. 남들은 일하는데 이야기책을 읽는다? 좀 뜬금없잖아요. 아마도 장부책일 겁니다. 담배를 얼마나 수확했는지, 또 얼마를 팔았는지 낱낱이 적혀 있겠지요.

그런데 김홍도는 왜 이런 낯선 모습을 그림으로 그렸을까요?

담배의 원산지는 아메리카 대륙입니다. 콜럼버스가 유럽으로 가져간 후, 다시 일본을 거쳐 우리나라로 들어오게 된 거지요. 그래서 담배를 '남초', '남령초'라 부르기도 했습니다. 남쪽 지방에서 왔다는 뜻입니다.

우리 것인 줄 알았던 외래 유입 식물들

옥수수 남미가 원산지로 16세기에 조선에 들어왔습니다
고추 멕시코가 원산지로 16세기 말에 조선에 들어왔습니다.
호박 남미가 원산지로 18세기 초에 조선에 들어왔습니다.
고구마 중남미가 원산지로 18세기 중엽 통신사 조엄이 대마도에서 들여왔습니다.
감자 남미가 원산지로 19세기 초에 조선에 들어왔습니다.

물론 '담파고', '담바귀'라고도 불렀죠. 아메리카에서 담배를 '타바코'라고 불렀거든요.

지금이야 건강에 무척 해롭다는 사실이 밝혀져 담배를 피우면 따가운 눈총을 받지만, 당시 조선에서는 폭발적인 인기를 끌었다고 합니다. 심지어는 아이들까지 마구 피워댔다고 하니까요.『단원풍속화첩』에도 담배 피우는 사람들이 그려진 그림이 꽤 많잖아요.

주인은 무엇을 읽고 있을까요?

왜 이렇게 인기가 있었냐고요? 담배가 몸에 좋다고 생각했기 때문이지요. 담배를 피우면 뱃속에 회충도 없어지고 소화불량에도 좋고 진통 효과도 있다고 믿었거든요. 그러니 저렇게들 피워댔겠지요. 당연히 담배 수요도 많을 수밖에요. 그래서 농민들도 벼 대신 담배를 많이 심었습니다. 담배 농사는 벼농사의 몇 배나 되는 이익을 남겼답니다.

이건 새로운 농업의 등장을 의미합니다. 예전의 생계형 농사 대신 상업용 농사로 바뀌었다는 뜻이지요. 담배라는 특용작물은 이 시대에 상업이 발달하는 데 크게 한몫 했지요. 바로 이 그림이 그런 역사적 사실을 말해줍니다. 이렇듯 유행했으니 김홍도가 빠뜨릴 리 없겠지요.

 더 알아봐요

정조 시대의 변화

정조가 왕위에 있는 동안 조선은 농업, 상업, 문화가 크게 발전했습니다. 그래서 많은 학자들은 이때를 조선의 르네상스라고도 표현하지요. 이 무렵은 세계사적으로도 큰 변화가 있었던 시기였습니다. 영국에서는 이미 산업혁명이 시작되었고, 프랑스혁명이 일어났으며 미국에서는 독립전쟁도 벌어지고 있었습니다. 조선의 변화도 만만치 않았지요.

먼저 농업에서 모내기법과 골뿌림법(쟁기로 밭을 깊게 갈아 이랑과 고랑을 만들고 우묵한 고랑에 씨를 뿌리는 농사법)의 발달로 농작물의 생산이 크게 늘어나 큰 부자가 되는 농민들이 생겨났습니다. 그렇지만 많은 농민들은 땅을 버리고 도시를 떠돌며 근근이 살아가야 하는 일이 많아졌습니다. 모내기법이 생산량은 늘려 주었지만 동시에 김매는 일이 대폭 줄어들어 농민들의 일거리가 없어졌기 때문이지요.

이때는 담배, 인삼, 목화, 채소 같은 대규모 상업 작물이 재배되어 덩달아 상업도 발전했습니다. 수공업과 광업 역시 발전함에 따라 이를 사고파는 시장이 많이 섰는데 전국에 1000개가 넘는 장이 생겨났다고 하네요. 따라서 전국을 돌며 활동하는 상인들이 나타났고, 그에 따라 물물교환 방식 대신 화폐 사용이 널리 퍼졌습니다.

서민들의 문화도 발전했습니다. 이전까지 문화는 양반들의 전유물이었으나 한글소설, 판소리, 탈놀이, 민화 등이 크게 유행하면서 서민문화가 확대되었으며 양반들에 대한 비판의식도 성장한 것입니다. 하지만 전체적으로 경제 규모가 커지고 생산력이 높아졌어도 실제 서민들의 살림은 여전히 어려웠습니다.

제4교시 자유토론

웃는 소의 비밀

「쟁기질」

『단원풍속화첩』에는 재미나는 그림이 많지만, 이 「쟁기질」처럼 재미있는 그림이 또 있을까요. 사람이야 그렇다 쳐도 소까지 웃고 있잖아요. 두 마리 모두 흐뭇한 미소를 띠고 있거든요. 선생님도 따라서 저절로 미소를 짓게 됩니다. 웃음 바이러스에 전염이라도 된 걸까요.

「쟁기질」, 종이에 담채, 27.0×22.7cm, 『단원풍속화첩』에 수록, 국립중앙박물관(중박 200810-381)

 함께 얘기해봐요

어느 소가 힘이 더 셀까요

🧒 저는 이 그림을 볼 때마다 신기했어요. 어떻게 소가 웃을 수 있어요?

👧 어, 정말이네요? 저는 미처 몰랐는데요. 설마 광우병 소는 아니겠죠?

👨 어찌 보면 아주 단순한 그림인데도 읽을거리가 참 많습니다. 찬찬히 훑어보기로 할게요. 먼저 무슨 일을 하고 있는지부터 알아볼까요?

🧒 농부가 땅을 일구고 있잖아요. 소가 끄는 건 쟁기고요. 지난번에 엄마 아빠랑 강원도 여행을 하다가 본 적이 있어요. 비탈이 심한 밭을 저렇게 갈고 있었거든요.

👨 맞아요. 그래서 제목도 「쟁기질」입니다. 쟁기질은 보통 이른 봄에 시작하지요. 겨울 동안 딱딱하게 굳었던 땅을 잘게 부숴줘야 하거든요. 그런데 땅을 깊게 갈자면 사람의 힘으로는 좀 부칩니다. 그래서 소 뒤에 저렇게 쟁기를 달고 땅을 가는 거지요.

🧒 선생님! 제가 보았을 때는 소가 한 마리였거든요. 여긴 두 마리네요. 정말 두 마리 소가 나란히 서서 쟁기질을 하기도 했나요?

👨 그럼요. 『단원풍속화첩』은 거짓말을 하지 않잖아요. 한 마리 소

● 어느 소가
더 힘이 셀까요?

가 쟁기를 끌면 호리, 두 마리 소가 끌면 겨리라고 불렀습니다. 여긴 아주 단단한 땅을 갈고 있는 모양이군요. 두 마리가 끌잖아요. 그런데 어느 소가 힘이 더 셀까요?

 앞에 보이는 소가 더 셀 것 같아요.

 왜 그렇지요?

 색깔이 짙은 구릿빛이잖아요. 왠지 힘이 있어 보여요. 저것 보세요. 넓적다리와 가슴살도 볼록볼록 튀어 나왔어요.

맞습니다. 땅을 갈 때는 볏밥이 왼쪽으로 넘어오거든요. 그러니 왼쪽에 힘도 세고 일도 잘하는 소를 붙였지요. 화가는 이걸 알고 있었던 겁니다. 일부러 이 소를 구릿빛으로 색칠했고 울퉁불퉁한 근육도 그려 넣었습니다.

 함께 얘기해봐요

농부의 어깨는 왜 볼록 튀어 나왔을까요

선생님! 웃기는 모습이 있어요. 쟁기를 잡은 농부의 어깨가 이상해요. 혹이라도 난 것처럼 볼록하잖아요. 옷 속에 뭘 집어넣은 걸까요? 아빠 양복도 그렇던데요.

🧑 하하하, 아빠 양복이야 모양새를 위해서 어깨에 심을 덧대어 넣은 것이지요. 여기는 다릅니다. 농부가 옷차림에 신경 쓸 틈이나 있었겠어요.

👧 으음, 굉장히 힘이 들어간 모습이에요. 온몸에 힘을 꽉 주면 저렇게 어깨가 올라가잖아요.

👦 그렇구나! 옷까지 달려 올라가 허리 살이 드러났어요. 어깨에 잔뜩 힘을 줬나 봐요. 옷도 힘차게 펄럭이는 느낌이고 다리 힘줄도 꿈틀꿈틀 대는데요.

● 농부의 어깨가 볼록합니다. 옷 속에 뭐가 들어 있는 걸까요?

🧑 와! 여러분 눈이 정말 매섭군요. 어제 「씨름」으로 토론할 때부터 알아봤지요. 이러다간 모두 옛 그림 박사가 되겠어요. 맞습니다. 지금 소가 앞발을 막 차 들었지요? 쟁기가 땅속에 깊이 박히는 순간입니다. 그러니 농부는 온몸에 힘을 잔뜩 줄 수밖에요. 화가는 이 장면을 놓치지 않았어요. 결정적인 순간만을 잡아내는 김홍도의 감각이 또 한 번 빛난 거지요. 농부의 표정이 보인다면 좋을 텐데. 아마 입을 앙다물고 있지는 않을까요.

👧 그래서 그런가요? 이 그림만 보면 왠지 힘이 펄펄 솟는 느낌이에요. 저도 모르게 손과 어깨에 힘이 들어가거든요.

🧑 쟁기질은 참 고된 작업입니다. 온 힘을 다 쏟아 부어야 하니까요. 그러니 보는 사람도 같이 힘을 쓸 수밖에요. 참, 쟁기질을 시로 표

현한 사람도 있습니다. 김오월이라는 시인의 작품인데 한 번 들어볼래요?

쟁기질
소가
욱—욱—가네

땅이
푹푹
푹푹 파지네

마치 이 그림을 보고 난 후 지은 시 같아요. 짧지만 힘이 넘치는 느낌이에요. 비슷한 그림과 시가 있다는 사실이 신기해요.

그런데 저 위에 밭가는 농부들이 들고 있는 게 뭐예요?

저것도 몰라? 커다란 포크잖아!

그런데 앞이 구부러졌어요. 누가 망가뜨렸나 봐요.

아유, 답답해······. 저건 쇠스랑이잖아. 전 아빠하고 주

밭가는
농부들은 무엇을
들고 있을까요?

말농장 텃밭 가꿀 때 써 봤어요.

 맞습니다. 쇠스랑이지요. 농부들에게는 꼭 필요한 농기구입니다. 밭을 가는 일 말고도 흙덩이를 깨거나 흙을 긁어 올릴 때, 뿌린 씨앗 위에 흙을 살짝 덮을 때, 감자나 고구마를 캘 때, 논둑의 옆면을 평평하게 만들거나 새로 붙일 때 등등 이곳저곳 안 쓰이는 데가 없었지요. 오죽했으면 도둑 잡을 때까지 쓰였겠어요.

저걸로 창처럼 막 찔렀나요?

 그랬다간 큰일 나게요. 아무리 도둑이지만 사람이 다치잖아요. 어떻게 하냐면, 뾰족한 살이 앞으로 가도록 쇠스랑을 대문 앞에 눕혀 두는 겁니다. 그럼, 몰래 들어오는 도둑이 밟을 게 아니에요? 그때 자루가 벌떡 튀어 올라 머리를 때리는 거지요. 이렇게 말입니다. 딱!

아얏!

일동 하하하!

소는 대체 왜 웃는 걸까요

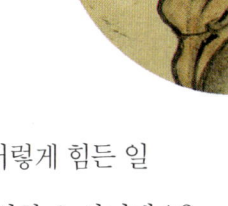

소는 힘든 일을 하면서도 웃고 있습니다.

그런데 선생님, 소는 대체 왜 웃는 거예요? 저렇게 힘든 일을 하고 있다면 인상을 찡그려야 맞잖아요. 정말 이상한 소 아니에요?

「논갈이」, 종이에 담채, 26.7×31.6cm, 1796, 『절세보첩』에 수록, 호암미술관

그러게 말입니다. 자, 웃는 소 얘기는 잠시 미뤄두고 다른 질문부터 하나 할게요. 이 그림에는 이상한 점이 한 가지 더 있습니다. 찾을 수 있겠어요?

일동 ……

🧑 으음, 어려운 문제인가 보네요. 그럼, 또 다른 그림을 한 점 보여줄게요. 이 그림과 비교하면 실마리를 찾을 수 있을 겁니다. 이건 김홍도의 「논갈이」라는 그림이지요. 역시 쟁기질을 하는 장면입니다. 여긴 뭔가 이상한 점이 없나요?

🧒 앗! 여기도 소가 웃고 있어요. 왜 오늘은 이상한 소만 보이지. 가만, 그런데 뭔가 좀 다른 것 같은데요.

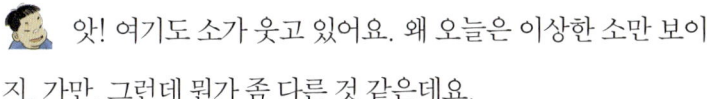
"이 소도 웃고 있어요!"

👧 그래. 여긴 소가 똑바로 걸어가요. 아까 「쟁기질」에서는 소가 위쪽을 향했는데 말예요. 마치 하늘로 올라가는 것 같은 느낌이었어요.

🧑 오, 용케도 찾았군요. 여러분 눈에도 그렇게 보입니까? 맞습니다. 두 그림에서 소의 방향이 서로 다릅니다. 하나는 똑바로, 또 하나는 하늘로. 같은 화가의 작품인데 어찌 된 까닭일까요? 작품 분위기를 비교하면 감이 잡힐 겁니다.

👵 으음, 「논갈이」는 조용하고 평화로운 느낌이에요. 「쟁기질」에서는 아주 힘찬 기운이 느껴졌잖아요.

👧 맞아요. 농부의 모습이 그랬잖아요. 잔뜩 들어간 어깨 힘, 꿈틀거리는 다리, 왠지 힘이 넘쳐흘렀어요.

👧 소도 그래요. 가슴도 불끈하고, 무릎도 툭 튀어나왔고, 목과 배의 근육도 볼록하고, 다리도 울퉁불퉁해요. 마치 그림 밖으로 뛰쳐나올 것만 같아요. 아, 그런데 저건 뭐예요? 엉덩이에 까맣게 칠한 거 말이에요.

"에이 더러워!"
김홍도는 쇠똥까지
그렸습니다.

 하하하, 그건 쇠똥입니다. 똥을 깔고 앉다보니 말라서 덕지덕지 달라붙은 거지요. 구수한 쇠똥 냄새가 풍겨오지 않나요?

 쇠똥을 그리다니, 완전 엽기예요!

 아름답게 그리는 대신 있는 그대로의 사실감을 살린 거지요. 쟁기질하는 모습을 눈앞에서 보는 듯 표현했잖아요. 쟁기질은 이른 봄에 한다고 했습니다. 한 해 농사를 시작하는 일이지요. 그런데 「논갈이」의 소처럼 평범하게 그려 보세요. 보는 사람 기분도 밋밋할걸요. 한 가지 방법이 있지요. 똑바로 가는 소가 아니라 하늘로 솟구치는 소! 보기만 해도 힘이 넘치잖아요. 한 해 농사는 이렇듯 힘차게 시작해야 보는 농부들도 힘이 나는 법입니다.

 아, 그래서 소가 저렇게 하늘로 날아가는구나!

 그럼, 왜 웃는 모습으로 그린 거예요? 힘이 느껴지게 하려면 꽉 깨문 입으로 그려야 하잖아요.

 일리 있는 말입니다. 그런데 힘이 넘치는 느낌은 농부나 하늘로 향한 소의 모습으로도 충분하거든요. 『단원풍속화첩』의 또 다른 특징이 뭐였지요? 즐겁고 여유로운 분위기잖아요.

 아하! 보는 사람이 즐거우려면 그림 속의 주인공도 즐거워야 하는 거네요. 그래서 사람도 소도 모두 웃고 있어요.

그래요. 농사일이 얼마나 힘들었습니까. 이런 그림으로나마 위안을 받으면 좋겠지요. 이게 그림의 역할이기도 하거든요. 김홍도는 보는 사람들을 충분히 배려하고 그린 겁니다. 어때요. 우리도 한 번 저렇게 웃어보지 않을래요?

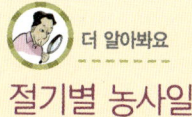 **더 알아봐요**

절기별 농사일

옛 분들은 1년을 12달 24절기로 나누어서 때에 맞는 농사일을 했습니다. 입춘(立春)은 양력 2월 초로 24절기의 첫 번째입니다. 농사를 준비하는 때로 보리를 뽑아 뿌리가 많고 적음에 따라 그해 농사의 상태를 미리 알아보기도 합니다. 4월 초순인 청명(淸明)부터 농사일이 시작됩니다. 논, 밭둑을 손질하고 기레질을 히며 논농사를 준비하는 것이지요. 4월 하순인 곡우(穀雨)부터 본격적인 농사가 시작되는데, 못자리를 내기 위해 볍씨를 물에 담급니다.

초여름에 들어서는 입하(立夏)부터는 농사일이 바빠지고 5월 말인 소만(小滿) 때는 드디어 모내기를 시작합니다. 6월 초순인 망종(芒種) 즈음은 모내기가 한창이면서 동시에 보리 베기와 김매기도 빠뜨릴 수 없기에 1년 중 가장 바쁜 기간이지요. '농사철에는 부지깽이도 일을 거든다'라는 속담이 실감나는 때입니다. 한바탕 힘들게 보리 베기와 모내기를 끝내면 단옷날이 됩니다. 재미있게 놀면서 힘들었던 몸과 마음을 달래줍니다. 7월 하순인 대서(大暑) 때는 더위가 심하고 비도 많이 옵니다. 논밭의 잡초를 부지런히 뽑고 풀과 짚으로 거름을 만드는 시기이죠.

가을로 접어드는 입추(立秋) 8월 초순경입니다. 이때에는 김장용 무와 배추를 심기 시작하지만 김매기도 한 풀 꺾이는 다소 한가한 시기입니다. 9월 초인 백로(白露)와 9월 말인 추분(秋分)은 수확의 시기이죠. 벼는 물론 대부분의 밭작물을 거둬들이고 산나물을 뜯어 말리면서 겨울을 대비합니다. 10월 초인 한로(寒露)와 서리가 내린다는 상강(霜降) 즈음에는 타작까지 끝내는 등 한 해 농사를 마무리 하면서 다음 해의 농사를 준비하는 긴 겨울잠에 들어갑니다.

보충학습

옛 그림, 누가 그렸을까

　조선시대 화가는 둘로 나뉜다. 전문적인 프로 화가와 취미로 그리는 아마추어. 프로 화가를 화원, 아마추어 화가를 문인화가라 불렀다.
　화원은 나라에서 뽑은 화가들이다. 시험을 통하여 선발했는데 솜씨가 남다르면 선비들이 추천을 하기도 했다. 이들은 도화서라는 관청에서 일했기 때문에 도화서 화원이라고도 불렀다. 이들은 뽑힌 후에도 정기적으로 시험을 치르면서 솜씨를 닦아 나갔다.
　화원들은 나라에서 필요한 그림을 도맡아 놓고 그렸다. 궁궐에서 벌어지는 행사, 임금의 초상화인 어진(御眞), 도자기 그림, 병풍 그림, 그리고 왕이나 선비들의 주문을 받아 그림을 그렸다. 특히 큰 행사가 있을 때는 꼭 참가해서 그림으로 남겼다. 지금의 사진가 역할을 한 것이다. 그런 그림으로는 정조 임금의 화성 행궁 행차를 그린 「시흥 행궁에 들어오는 임금님의 행렬(시흥환어행렬도)」이 유명하다.
　하지만 화원들은 주문에 의해 그리다보니 자신의 개성을 나타낼 수 있는 작품을 남기지 못했다. 그래서 문인화가들은 화원들을 얕잡아 보았다. 화원은 신분 또한 선비들보다 낮은 중인이어서 더욱 차별을 받았다. 하지만 그중에는 뛰어난 솜씨를 지닌 사람들이 많았다. 김홍도, 신윤복, 김득신 등이 모두 화원 출신이다. 이들은 작품을 통해 자신의 개성을 유감없이 발휘했는데 이 사람들 중에서 김홍도는 단연 최고의 경지를 이루었다.

문인화가는 대부분 선비들이다. 선비들은 글씨만 잘 썼을 뿐 아니라 틈만 나면 그림도 즐겨 그렸다. 그림도 선비들이 갖춰야 할 교양이었기 때문이다. 그러다 보니 자연스레 작품 활동도 하게 되었다. 문인화가들은 화원들보다 솜씨는 좀 서툴러도 자신의 개성이 듬뿍 담긴 그림을 마음껏 그렸다. 그림 속에 자신의 마음을 담았던 것이다.

「시흥 행궁에 들어오는 임금님의 행렬」, 화성원행 8폭 병풍 중 7번째 그림

이들은 요란한 색깔보다는 먹으로 된 수묵화를 주로 그렸다. 주로 산수화나 사군자 그림이다. 문인화가 중에서도 화원들 못지않은 솜씨를 가진 사람들이 있었는데 윤두서, 조영석은 물론 진경산수화를 그린 정선과 김홍도의 스승인 강세황은 매우 유명하다.

임금도 그림을 잘 그렸다. 임금 역시 선비였기 때문이다. 특히 김홍도를 아껴 주었던 정조 임금의 솜씨가 뛰어났는데 「들국화」가 그의 작품이다.

정조, 「들국화」, 종이에 수묵, 84.6×51.4cm, 조선시대, 동국대박물관

조선 시대에는 여성들의 사회활동이 뜸했기에 여성 화가들은 드물다. 이율곡의 어머니인 신사임당이 널리 알려진 여성 화가이다. 신사임당은 풀, 벌레 그림을 잘 그렸다.

이밖에 전국을 돌아다니던 떠돌이 화가들도 있었다. 이들은 보통 백성들이 요구하는 그림을 그려주면서 생계를 유지

했다. 이들이 그린 그림을 민화라고 하는데 꽃, 새, 물고기, 동물 그림을 주로 그렸다. 이런 그림을 집안에 걸어두면 복이 들어온다고 믿었기 때문이다. 그중에서도 특히 「까치 호랑이」 그림은 유명하다.

작자 미상, 「까치 호랑이」, 종이에 채색

셋째 날

옛 그림과 하나 되기

제1교시

콧노래가 흥얼흥얼, 어깨춤이 들썩들썩
「무동」

드디어 마지막 날입니다. 2박 3일이 금방 지나갔군요. 그렇다고 섭섭해서 우는 친구들은 없겠지요. 우리 옛 그림에 대해 많이 알았으니 오히려 축하할 일입니다. 그래서 우리 옛 그림 학교에서는 수료식 날 여러분을 아주 즐겁게 해줍니다. 흥겨운 놀이 한마당이 벌어지니까요. 어떤 놀이냐고요?

이번 시간에 볼 「무동」 속에 다 나와 있습니다. 잘 보아 두세요. 나중에 저 악기는 뭐냐, 저 사람은 누구냐, 자꾸 물으면 곤란하거든요. 그때는 흥겹게 놀기만 해야 되니까요. 가만 듣기만 해도 콧노래가 흥얼흥얼, 어깨춤이 들썩들썩할 겁니다.

「무동」, 종이에 담채, 27.0×22.7cm, 『단원풍속화첩』에 수록, 국립중앙박물관(중박 200810-381)

● 여섯 명의 악공이
둘러앉아 자연스레
원형구도를 이루었습니다.

● 흥이 난 북재비는
바닥에서 엉덩이를 뗐고,
장구 치는 이는 덩실덩실
어깨 춤을 춥니다.

 무엇을 볼까요?

김홍도가 과연 여기에 있을까요

여섯 명의 악공이 빙 둘러앉았습니다. 역시 자연스레 원형구도가 되었군요. 화면에 사람들이 꽉 찼지만 어느 하나 버릴 게 없습니다. 놀이판이 한창 무르익었나 보네요. 모두 제 연주 소리에 푹 빠져 있군요. 음악에 맞춰 신나게 춤추는 소년도 보입니다. 무동(舞童)이라 부르지요. 그래서 제목이 「무동」입니다.

먼저 악공들부터 볼까요. 이번에는 왼쪽의 북재비부터 보겠습니다. 자세가 좀 엉거주춤하지요? 앉지도 서지도 못했습니다. 이제 절정으로 치닫는 놀이판, 빨라지는 장단을 따라잡느라 흥이 난 모양입니다. 북소리는 힘 있고 거칠지요. 악공의 듬성듬성한 콧수염도 북소리를 닮았군요.

그 옆은 장구입니다. 살짝 고개를 숙였군요. 얼쑤, 허잇! 추임새가 흥겹습니다. 어깨선이 구불구불하지요. 제 장단에 못 이겨 덩실덩실 어깨춤을 추는 중입니다. 북과 장구는 놀이판에서 가장 중요한 악기입니다. 그래서 '북 치고 장구치고 혼자 다 한다'는 말이 나왔나 봅니다.

다음은 향피리입니다. 피리를 삐딱하게 물었군요. 놀이판이 오래되었다는 뜻입니다. 저렇게 좌우로 바꿔가면서 불어야 입이 안 아프지요. 장난기가 철철 넘치는 표정입니다. 뭉툭한 코에 동글동글한 얼굴, 성격이 그대로 드러나는군요. 그 옆에는 세피리입니다. 벌써 양볼이 빵빵하게 부풀었군요. 세피리의 구멍은 매우 가늘지요. 그리로 숨을 불어넣자니 저런 모습이 되었습니다.

향피리와 세피리 부는 사람들도 매우 즐거운 표정입니다.

대금 연주자는 좀 다른 모습이군요. 험상궂은 북재비, 동글동글한 피리 연주자들과는 달리 얼굴 생김새가 고상합니다. 몸매도 늘씬하고 손가락도 미끈합니다. 대금은 생김새가 길쭉하여 구멍 사이도 넓습니다. 따라서 악공의 손가락도 길고 미끈하게 생긴 겁니다.

이 사람은 김홍도 자신일지도 모릅니다. 무슨 뚱딴지같은 소리냐고요? 김홍도는 대금을 아주 잘 불었답니다. 생김새도 신선처럼 고상하게 생겼다지요. 뭔가 감이 잡히지 않나요? 고상한 생김새에 빼어난 대금 솜씨, 바로 이 사람이잖아요. 자신도 모르는 사이에 제 얼굴을 그릴 수도 있거든요.

우아한 생김새의 대금 주자는 어쩌면 김홍도 자신을 그린 건지도 몰라요.

돌아앉은 이 사람이 연주하는 악기는 해금입니다.

오른쪽에 보이는 그림은 「단원도」라고 합니다. 김홍도의 집과 정원이 보이지요. 김홍도는 음악을 매우 즐겼다고 합니다. 거문고, 대금, 피리, 생황 등 못 다루는 악기가 없었다지요. 저기 집안에서 거문고를 타는 사람이 김홍도입니다. 어때요,「무동」의 대금 연주자와 비슷합니까?

돌아앉은 악공은 해금을 연주하고 있습니다. 해금은 바이올린처럼 활대로 줄을 문질러 소리를 냅니다. 줄은 두 줄밖에 안 되지만 연주자의 능력에 따라 온갖 다양한 소리를 내는 악기였지요. 그런데 이 사람 모습에 틀린 곳이 있습니다. 역시 뒤로 돌아앉은 모습이네요. 이제는 알겠지요? 줄을 잡은 왼손이 틀렸습니다.

 무엇을 볼까요?

『단원풍속화첩』 최고의 스타는 누굴까요

북, 장구, 피리 둘, 대금, 해금, 이렇게 여섯 악기로 연주하는 음악을 '삼현육각(三絃六角)'이라고 합니다. 잔치, 염불, 타령, 굿, 탈춤, 등 음악이 필요한 곳이라면 빠지지 않았던 조선의 대표 오케스트라이지요.

「단원도」, 종이에 담채, 135×78.5cm, 1784, 개인 소장

● 악공들의 옷차림을 살펴봅시다.

그런데 악공들의 옷차림이 서로 다르군요. 우선 갓 쓰고 도포 입은 세 명부터 볼까요. 이들은 양반이 아닙니다. 악공들은 가장 천대받던 신분이었거든요. 그런데 양반 옷차림을 했다고요? 이건 듣는 사람들을 위한 옷차림입니다. 듣는 사람들이 거의 양반이니까 그들을 위해 정중하게 예의를 갖춘 거지요. 나머지 세 명은 벙거지를 쓰고 전복(戰服)을 입었습니다. 텔레비전 사극에 나오는 포졸들이 입고 다니는 옷이지요. 이 악공들은 세악수(細樂手)입니다. 세악수란 지금의 군악대와 비슷한 것입니다. 이들이 한데 어울려 멋진 연주를 하는 중입니다.

이제 마지막 한 명이 남았군요. 그래요, 무동입니다. 오늘의 주인공이라 할 수 있지요. 여러분 또래쯤 되었을까, 철없을 나이지만 춤 솜씨만은 환상적입니다.

지금 판이 무르익을 대로 익었습니다. 무동의 신명도 오를 대로 올랐지요. 신이 나서 입이 귀밑까지 쭉 벌어졌습니다. 두 팔을 오른쪽으로 휙 넘기자, 소매 자락도 따라 날립니다. 그런데 어깨에 두른 띠는 왼쪽을 향하고 있습니다. 완전한 균형을 이루었지요. 왼발 끝으로 살짝 땅을 짚은 채 오른발을 들어 올리니 하늘로 날아오를 듯 가뿐합니다.

옷을 그린 화가의 솜씨가 일품입니다. 선을 좀 보세요. 굵었다가 가늘었다가, 내렸다가 치켰다가, 자유자재로 붓을 휘둘렀습니다. 옷이나 몸이 꺾이는 부분은 굵게 그렸고, 옷 주름은 못대가리처럼 힘을 준 다음 단번에 내리그었습니다. 양다리는 바짝 마른 선으로 그렸습니다. 힘이 넘치면서도 새털처럼 가벼운 옷맵시이군요. 더구나 연두색 옷에 주황색 신까지 신었습니다.『단원풍속화첩』에서 드물게 색이 사용된 그림입니다. 그만큼 김홍도가 애착을 가졌다는 뜻입니다. 그렇습니다. 김홍도의 솜씨는 이 무동의 몸에 다 들어 있다고 해도 과언이 아니지요. 그 정도로 잘 그린 그림입니다. 그래서 이 춤추는 소년은 『단원풍속화첩』의 최고 스타가 되었습니다.

오늘의 주인공, 무동이는 신명이 올라 춤을 춥니다.

무엇을 볼까요?

그림의 모양을 왜 바꾸었을까

원래 삼현육각은 이렇듯 둥글게 앉지 않습니다. 한 줄로 죽 늘어앉지요. 「어른들을 위한 잔치 그림(기로세련계도)」이라는 작품을 보면

> **삼현육각(三絃六角)**
>
> 우리 전통 음악의 악기 편성법입니다. 피리 2, 대금, 해금, 장구, 북 등 여섯 개의 악기가 사용되므로 '육잽이'라고도 했지요. 춤의 반주에 주로 쓰이며 때와 장소에 따라서 악기나 인원 구성에 조금씩 차이가 있어요. 원래 삼현이란 세 가지 현악기, 육각은 여섯 개의 관악기를 뜻합니다. 그런데 삼현육각에는 이런 악기가 모두 쓰이지 않습니다. 아마 시간이 지나면서 말뜻이나 악기 편성법이 바뀌어서 그런 것 같아요. 혹은 여섯 개의 악기를 사용한다고 육각이란 말만 빌려왔는지도 모르지요.

알 수 있어요. 옛날 고려의 궁궐이었던 개성의 만월대_{개성 송악산 남쪽 기슭에 있는 고려 왕궁의 터}에서 벌어진 개성 상인들의 잔치를 김홍도가 그렸지요. 무척 많은 사람들이 모였습니다. 잘 보세요. 무동도 보입니다. 그것도 두 명씩이나. 저기 악공도 보이는군요. 그렇습니다. 여기서는 한 줄로 쭉 늘어앉았습니다. 원래는 이렇게 앉는 것이지요. 그런데 「무동」에서는 악사들이 둥글게 둘러앉았습니다. 마주 앉아 연습이라도 하는 걸까요.

아닙니다. 화가는 일부러 둥글게 그렸습니다. 그냥 일자로 그리면 그림이 너무 단순해지거든요. 나중에 보게 될 「나룻배」처럼 말입니다. 그러면 빈 공간에 구경꾼들을 채워 넣어야 됩니다. 「씨름」처럼 말이지요. 하지만 화가는 악공과 무동만을 주인공으로 삼고 싶었습니다. 김홍도는 음악을 사랑한 화가입니다. 오로지 그들의 신들린 듯한 신명을 표현하고 싶었습니다. 온갖 천대를 받던 악공들에게 따뜻한 눈길을 보낸 것입니다.

화가는 서늘한 머리와 따뜻한 가슴을 함께 가진 사람입니다. 서늘한 머리로는 악공들을 저렇게 파격적으로 둥글게 앉혔고, 따뜻한 가슴으로는 천대받던 악공들과 무동을 주인공으로 삼았습니다. 덕분에 우리가 흥겨운 삼현육각과 멋들어진 무동의 춤을 마음껏 감상할 수

「어른들을 위한 잔치 그림(기로세련계도)」의 부분 그림

있는 거지요. 직선을 원으로 바꾼 김홍도의 창조적인 발상은 아무리 생각해도 대단합니다.

 어떤 사람일까요

음악을 사랑한 화가 김홍도

김홍도는 화가로 널리 알려졌지만, 뛰어난 연주 실력을 지닌 음악가이기도 했습니다. 그의 대금, 거문고 연주 솜씨를 모르는 사람이 없을 정도였습니다. 얼마나 뛰어났던지 심지어 그가 연주를 하면 기르던 학이 따라 춤을 추었고 연주를 멈추면 아쉬워서 울 정도였다고 하네요.

벼슬아치들이 모임을 가지면 김홍도를 꼭 초대했습니다. 그의 연주를 듣기위해서였지요. 한 번은 숲 속에서 모임을 가졌는데, 성대중(1732~1812)이란 사람이 김홍도의 피리 연주를 듣고는 그 솜씨를 이렇게 평가했습니다.

"피리 소리가 너무 맑고 가락이 뛰어나 온 숲을 울렸는데, 모든 자연의 소리가 숨을 죽였고 여운이 널리 퍼져, 멀리서 이 소리를 들으면 신선이 학을 타고 생황을 불며 내려오는 모습이라 할 만하다."

특히 김홍도는 거문고와 대금을 좋아해서 꽃피고 달 밝은 밤이면 스스로 곡을 만들어 연주를 즐겼다고 합니다. 그래서 그런지 그의 그림에는 연주하는 장면이 유난히 많습니다. 우리가 본「무동」외에도 소나무 아래에서 생황을 연주하는「송하취생도」어린 신선이 피리를 부는「선동취적도」, 스스로 거문고와 당비파를 연주하는「단원도」,「포의풍류도」등의 작품을 남겼습니다. 화가이면서도 음악을 사랑했던 김홍도! 그림을 그리지 않았더라면 틀림없이 뛰어난 음악가가 되었을 것입니다.

제2교시

말[言] 없이 빛내주는 말[馬]

「말 탄 사람들」「신행」「나룻배」

옛 그림에는 동물들이 자주 나옵니다. 개와 고양이도 많지만, 소나 말도 자주 등장하지요. 큰 덩치로 화면을 압도하는 소와 말. 이들의 역할은 정해졌습니다. 소는 일하는 모습으로, 말은 사람을 태우거나 달리는 모습이지요.

이번 시간에 볼 그림은 말이 등장하는 그림들입니다. 역시 사람들이 탔거나 딸리는 모습으로 그려졌어요. 아무런 표정 없는 무심한 말도 있습니다. 과연 『단원풍속화첩』의 말은 어떻게 생겼을까요? 아무 말[言] 없이 제 역할을 다하며 그림을 더욱 빛내주는 말[馬], 그들을 찾아가 볼게요.

「말 탄 사람들」, 종이에 담채, 27.0×22.7㎝, 『단원풍속화첩』에 수록, 국립중앙박물관(중박 200810-381)

마치 말이 달리는 것 같지 않나요

• 말의 행렬이 오른쪽에서 왼쪽으로 움직이는 것 같습니다.

• 저멀리 산모롱이를 도는 행렬도 보이네요.

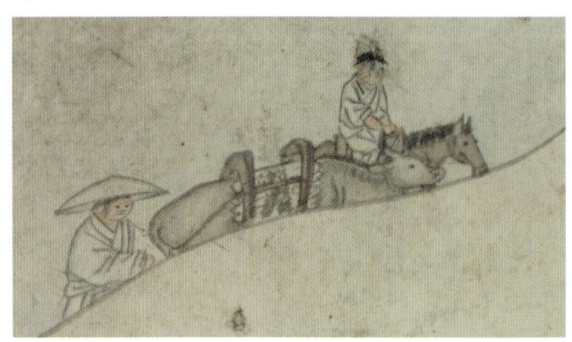

첫 번째 그림은 「말 탄 사람들」입니다. 무려 아홉 마리나 되는 말이 등장하지요. 그러니 이 그림의 주인공은 사람이 아니라 말입니다. 이 그림은 『단원풍속화첩』에서도 가장 크기가 큽니다. 다른 그림 두 장을 이어 놓은 크기이지요. 하긴, 저렇게 많은 말이 달리려면 화면 크기가 이 정도는 되어야겠지요?

구도가 아주 세련되었습니다. 마치 말의 행렬이 오른쪽에서 왼쪽으로 움직이는 것 같지 않나요? 정말 말이 달리는 것 같은 느낌이 듭니다. 비밀은 말과 사람의 수에 있습니다. 말의 행렬은 세 부분으로 나뉘집니다. 왼쪽으로 갈수록 사람은 4, 2, 1명, 말은 4, 3, 1마리로 줄어듭니다. 말의 크기도 점점 작아지지요. 그러니 말이 움직이는 것 같이 보이는 겁니다.

모두 한쪽 방향으로 달리면 너

무 단순하니까 두 사람은 말을 거꾸로 탔습니다. 저 멀리 산모롱이를 도는 행렬도 보이네요. 거리감도 느낄 수 있습니다. 말이 너무 위쪽에 몰려 있으면 불안하니까 모두 아래쪽에 배치했습니다. 안정된 느낌입니다. 구도 잡기의 달인인 김홍도의 솜씨를 마음껏 보여주고 있지요.

● 모두들 자유 분방한 모습으로 말을 타고 갑니다.

맨 오른쪽 행렬에는 사람도 넷, 말도 넷입니다. 말을 탄 모습이 아주 자유분방합니다. 한쪽으로 양발을 모은 사람, 안장에 거꾸로 올라앉아 책상다리까지 한 사람…… 마치 서커스 단의 묘기를 보는 듯합니다.

가운데 세 마리 말은 막 달리는 중입니다. 한 사람은 거꾸로 앉아 팔짱까지 꼈습니다. 또 한 사람의 삿갓은 유난히 크네요. 한결같이 자유로운 자세에 자유로운 복장을 한 이들의 정체는 무엇일까요?

이 그림은 「장터길」이라는 제

● 가운데 사람은 말을 거꾸로 탔습니다.

장승업, 「여덟 마리의 말」,
비단에 채색, 142.5×34cm,
용인 호암미술관

목으로 많이 소개되어 왔습니다. 그럼, 이들은 장사꾼이라는 말이 되겠지요. 그런데 말 위에 짐이 하나도 없네요. 장사꾼들이라면 팔 물건을 잔뜩 실어야 하잖아요. 물건을 다 팔고 가는 중이라고요? 글쎄요. 아, 말을 팔러 다니는 말 장수라고요? 대체 알 수가 없습니다.

사실 이 사람들이 누구냐라는 건 별로 중요하지 않을 수도 있습니다. 말이 이렇게 많이 모였으니 그 모습만으로도 장관이니까요. 이 그림의 가치를 충분히 다하고 있습니다. 함께 달리고 싶은 느낌이 들 정도입니다. 옛 분들은 이처럼 말이 많이 모여 있는 그림을 즐겨 그렸습니다. 너른 들판을 한없이 자유롭게 달리고 싶은 마음이 간절했나 봅니다. 말을 그린 그림 중에는 장승업의 작품도 있습니다. 아무 말 없는 말은 질주 본능을 더하고 뺄 것 없이 보여줍니다.

말 그림을 그린 장승업은 어떤 사람일까요?

조선 후기의 화가로 호는 오원(吾園)이라고 합니다. 안견, 정선, 김홍도와 더불어 조선의 4대 화가로 꼽히지요. 고아로 자라나서 남의 집 머슴을 살면서 어깨 너머로 그림을 배우다가 깨우쳐서 대가가 되었습니다. 술을 워낙 좋아하여 늘 취한 상태로 지냈으며, 한곳에 머무르는 걸 싫어하여 심지어는 고종 임금의 명으로 궁궐에서 그림을 그리다가도 세 번이나 도망쳤다고 합니다. 그의 그림은 시원하고 대담하다는 평을 듣습니다. 그중에서도 사나운 매를 그린 「호취도」가 유명하지요.

「신행」, 종이에 담채, 27.0×22.7cm, 『단원풍속화첩』에 수록, 국립중앙박물관(중박 200810-381)

 무엇을 볼까요?

혼례식 때 흰말을 탄 까닭은 무엇일까요

여기 멋진 말이 있습니다. 아주 특별한 날에만 타는 말이지요. 무슨 날이냐고요? 오늘은 결혼식 날입니다. 그림 제목이 「신행」이거든요. '신행'은 신랑이 신부 집으로 혼례를 치르러 간다는 뜻이지요. 저기 시끌벅적한 신랑 일행이 보이잖아요. 사람들을 들쑥날쑥 배치해서 흥겨운 분위기를 잘 나타냈습니다.

맨 앞에 두 사람은 등롱꾼입니다. 청사초롱을 들고 앞길을 밝혀주고 있네요. 원래는 두 쌍이 있어야 하는데 여기는 한 쌍밖에 보이지 않는군요. 집중도를 높이기 위해 필요 없는 부분은 과감히 잘라버린 겁니다.

등롱꾼은 청사초롱을 들고 앞길을 밝혀 줍니다.

바로 뒤에 점잖게 생긴 양반이 따라옵니다. 가슴에 뭘 안았군요. 살아 있는 기러기이지요. 신부 집에 도착한 신랑이 가장 먼저 하는 일이 신부 어머니에게 이 기러기를 드리는 겁니다. 왜 하필 기러기냐고요? 기러기는 한 번 짝을 지으면 평생을 같이 산다고 하잖아요. 신랑 신부도 그렇게 살라는 뜻이지요. 기러기를 든 사람을 기럭아비라고 부릅니다. 신랑 집에서 가장 덕망이 높은 사람이지요. 정말 마음씨도 좋고 점잖고 야무지게 생겼습니다.

바로 뒤에는 신랑 말을 이끄는 구종입니다. 고삐 줄을 양손으로 쥔 모습이 무척이나 신이 났나 봅니다. 말보다 한참이나 앞서 가잖아요. 빨리 신부에게로 가고 싶은 신랑의 마음을 대신 표현했습니다.

맨 뒤에 장옷을 쓴 여인은 유모입니다. 어렸을 때부터 신랑을 도맡아 키웠지요. 그래서 혼례식 때면 저렇게 따라갔답니다. 어, 그런데 인상을 찡그렸네요. 뭔가 안 좋은 일이 있나 봅니다. 가만 보니 맨 앞에 청사초롱을 든 총각도 그렇습니다. 둘은 잘 아는 사이인가 봅니다. 혹시 어머니와 아들 아닐까요.

양반집에서는 아기가 태어나면 유모를 둡니다. 유모가 아기 젖도 먹이면서 도맡아 키우는 거지요. 그러자면 유모는 아이를 낳은 지 얼마 안 되는 사람이어야 합니다. 저 등롱꾼이 바로 유모의 아이 아닐까요. 유모는 주인집 아이를 키우느라 정작 친아들은 제대로 돌보지도 못했습니다. 평생의 한이

기러기는 신랑 신부의 행복한 앞날을 기원하는 의미입니다.

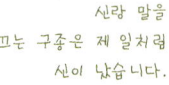

신랑 말을 끄는 구종은 제 일처럼 신이 났습니다.

유독 두 사람만 얼굴을 찌푸리고 있습니다.

되었겠지요. 그런데 결혼도 주인집 아들이 먼저 합니다. 친아들은 아직 장가도 못 갔는데. 그래서 저렇게 둘 다 찡그리고 있는 게 아닐까요.

유모 바로 앞에 말 탄 사람이 신랑입니다. 좀 앳된 모습이군요. 하기야 옛날에는 장가를 일찍 들었으니까요. 그래도 매우 의젓합니다. 등자에 발을 걸고 허리를 꼿꼿하게 폈습니다. 생김새도 기품이 있습니다. 입이 작고 이마도 훤하잖습니까. 동글동글하게 생긴 다른 사람들과 비교됩니다.

● 신랑은 번듯하니 잘생겼습니다.

신랑을 태운 말은 백마입니다. 흰말은 예부터 복을 가져다주는 좋은 동물로 여겼습니다. 그래서 결혼식 때에는 꼭 흰말을 탔지요. 생김새 좀 보세요. 하얀 우윳빛 피부에 기품이 좌르르 흐릅니다. 신랑 못지않게 의젓하군요. 마치 오늘의 주인공이라도 되는 듯합니다. 화가는 멋들어지게 말을 그렸습니다. 비록 말을 못하지만 말은 성스러운 혼례식을 더욱 빛내주고 있습니다.

● 옛날에는 흰말은 복을 가져다주는 동물이라고 생각해 귀하게 여겼습니다.

원래 신행 행렬에 참가하는 사람은 이보다 많습니다. 김홍도가 그린 『모당평생도』의 「혼례식」을 보면 신행 행렬이

빨갛고 파란 빛, 청사초롱

청등, 청사등롱이라고도 합니다. 쇠실로 틀을 둥글거나 모나게 만든 다음, 푸른 구름무늬 천에 위아래로 붉은 헝겊을 덮어 씌워 그 속에 촛불이나 등을 켰지요. 걸어 놓기도 하고 막대기에 달아 들고 다니기도 합니다. 원래 벼슬아치들이 밤에 행차할 때 사용했지만 혼인식 때도 등롱꾼을 맨 앞에 세워 들고 다니게 되었답니다. 결혼식 날은 특별하니까요!

「혼례식」, 비단에 담채, 75.1×39.4cm, 『모당평생도』 중 한 장면, 국립중앙박물관

윤두서, 「유하백마도」, 34.3×44.3cm, 조선 후기, 해남 윤씨 종가 소장

그대로 다 나와 있거든요. 여기서도 역시 신랑은 흰말을 탔군요.

윤두서의 작품에도 멋진 백마가 있습니다. 제목이 「유하백마도」인데, '버드나무 아래 있는 흰말'이라는 뜻입니다. 실제 말을 보는 듯 잘 그렸네요. 뒷발을 슬쩍 들고 달릴 준비라도 하는 걸까요. 겉모습은 물론 달리려는 말의 본능까지 잘 나타냈군요.

「나룻배」, 종이에 담채, 27.0×22.7cm, 『단원풍속화첩』에 수록, 국립중앙박물관(중박 200810-381)

말의 표정이 저토록 무심한 까닭은 무엇일까요

　이번 작품은 「나룻배」입니다. 넓은 강에 두 척의 나룻배가 떴군요. 보기만 해도 시원합니다. 앞서거니 뒤서거니 경주라도 하는 걸까요. 사공들은 있는 힘을 다해 노를 젓습니다.

　손님들이 꽉 찼군요. 위쪽 배에 열두 명, 아래쪽 배에 열네 명, 바늘 하나도 꽂을 틈이 없습니다. 아이, 어른, 남자, 여자, 양반, 상민 가릴 것 없이 함께 탔습니다. 그래도 맨 앞쪽이 좋은 자리인가 봅니다. 도포 입은 양반들이 앉은 걸 보니 말이에요. 그러고 보니 사공을 제외한 사람들은 대부분 앉았습니다. 서서 돌아다니다가 배가 뒤집히면 큰일이니까요. 아래쪽 배가 좀더 커 보이고 사람도 많습니다. 위에 있는 배가 더 크면 왠지 불안한 느낌이 들잖아요.

● 양반들이 앉은 걸 보니 배 앞머리가 좋은 자리인가 봅니다.

　그런데 말은 어디 있냐고요? 아래쪽 배를 보세요. 이쪽을 빤히 쳐다보고 있는 말이 보일 겁니다. 물론 소도 같이 있습니다. 위쪽 배의 소는 짐을 가득 실었군요. 역시 소는 짐 싣는 게 본업인가 봅니다. 반면

아래쪽 배에 는 말 두 마리와 소 한 마리가 탔고, 위쪽 배의 소 두 마리 는 짐을 잔뜩 실었습니다.

에 말은 짐을 지지 않았습니다. 말은 달리는 게 주특기이니까요.

아래쪽 말의 표정 좀 보세요. 커다란 두 눈으로 무표정하게 앞을 바라보고 있습니다. 말은 달려야 제 맛인데 저렇게 가만 있으니 왠지 슬퍼 보이는군요. 그러고 보니 위쪽 배의 소도 표정이 없네요. 큰 눈을 꿈적이며 무표정하게 서 있습니다.

사람들도 모두 담담한 표정입니다. 찡그린 사람도 없고 웃는 사람도 없습니다. 물은 사람들이 사는 세상을 벗어난 곳이기 때문입니다. 이들은 모두 나룻배를 타고 물의 세상에 들어와 있습니다. 기쁨과 노여움과 슬픔과 즐거움이 뒤섞인 인간 세상을 벗어나니 모두들 저렇게 무표정한가 봅니다.

이 그림에는 빈 공간이 많습니다. 자칫 휑한 느낌이 들기도 하나 눈 맛은 아주 시원합니다. 이렇게 빈 곳을 여백이라고 하지요. 여백은 우리 옛 그림의 중요한 특징입니다. 옛 분들은 그림을 그릴 때 어디를 칠하느냐보다는 어디를 비워 두느냐에 더 신경을 썼지요. 무엇이든 꽉 채우는 것보다 적당히 비워두는 넉넉한 마음 때문입니다. 이런 넉넉한 마음이 깃든 그림에 사람들은 희로애락의 감정을 드러낼 필요가 없지요. 사람은 물론 소나 말까지 무심한 표정이 넉넉한 여백과 잘 맞아 떨어집니다.

 이렇게 달랐어요

옛 사람들에게 중요했던 일생의 행사, 관혼상제

관혼상제(冠婚喪祭)는 옛날부터 중요하게 여겼던 네 가지 예법을 말하는데, 흔히 사례(四禮)라고도 합니다.

관례는 머리에 갓을 쓰고 어른이 되는 의식입니다. 옛날에 남자는 스무 살이 되면 관례를 했고, 여자는 열다섯 살이 되면 머리에 비녀를 꽂았습니다. 지금은 거의 사라진 예법인데 아직도 어떤 대학교에서는 스무 살이 되는 학생들에게 꽃다발을 건네며 성인식을 치르기도 합니다.

혼례는 결혼하는 예법을 말합니다. 옛날 혼례는 두 집안이 서로 혼사를 의논하는 의혼, 사주를 보내주는 납채, 결혼 전날 신랑이 신부 집에 혼수를 보내는 납폐, 신랑이 신부 집에 가서 혼례를 치르는 친영 등 4단계의 과정을 거쳤습니다. 지금은 이런 말을 쓰지 않지만 요즘도 비슷한 순서대로 결혼이 진행되지요. 우리가 흔히 보는 예식장의 결혼식은 친영에 해당됩니다.

상례는 장례 예법을 말합니다. 옛날에는 상례가 굉장히 중요하여 부모가 돌아가시면 보통 3년 동안 베옷을 입고 장례를 치렀습니다. 지금은 대개 장례식장에서 3일장을 치릅니다.

제례는 제사 지내는 예법이에요. 요즘도 명절이나 기일을 맞이하여 제례를 치르지만 예전에 비해 많이 간소화되었고 종교에 따라서는 제사를 지내지 않는 집도 많지요.

관혼상제는 집집마다 그 세세한 예법이 서로 다른 경우가 많았습니다. 그래서 영조 때의 학자 이재는 일정한 기준을 정하여 『사례편람(四禮便覽)』이라는 예법 책까지 만들었지요.

신나는 중간놀이

엄마, 이제 같이 놀아 주세요

「길쌈」

옛날 어머니들은 참 바빴습니다. 집안일은 물론 농사일까지. 게다가 아이들까지 돌봐야 했잖아요. 그뿐인 줄 아세요? 밤이면 밤마다 베틀에 앉아서 옷감을 짰습니다. 졸린 눈을 비벼가며 옷감을 짜는 일은 농사일보다 더 힘들었을지도 모릅니다.

아이들은 나름대로 아쉽습니다. 엄마기 놀아주지 못하니 볼만이지요. 할 수 없습니다. 혼자시라도 노는 수밖에. 걱정 마세요. 바람개비가 있으니까요. 여기 「길쌈」이라는 그림에 그려진 것처럼요. 아이가 왼손에 바람개비를 들었잖아요. 혼자 뛰어놀기에는 그만인 놀이이지요.

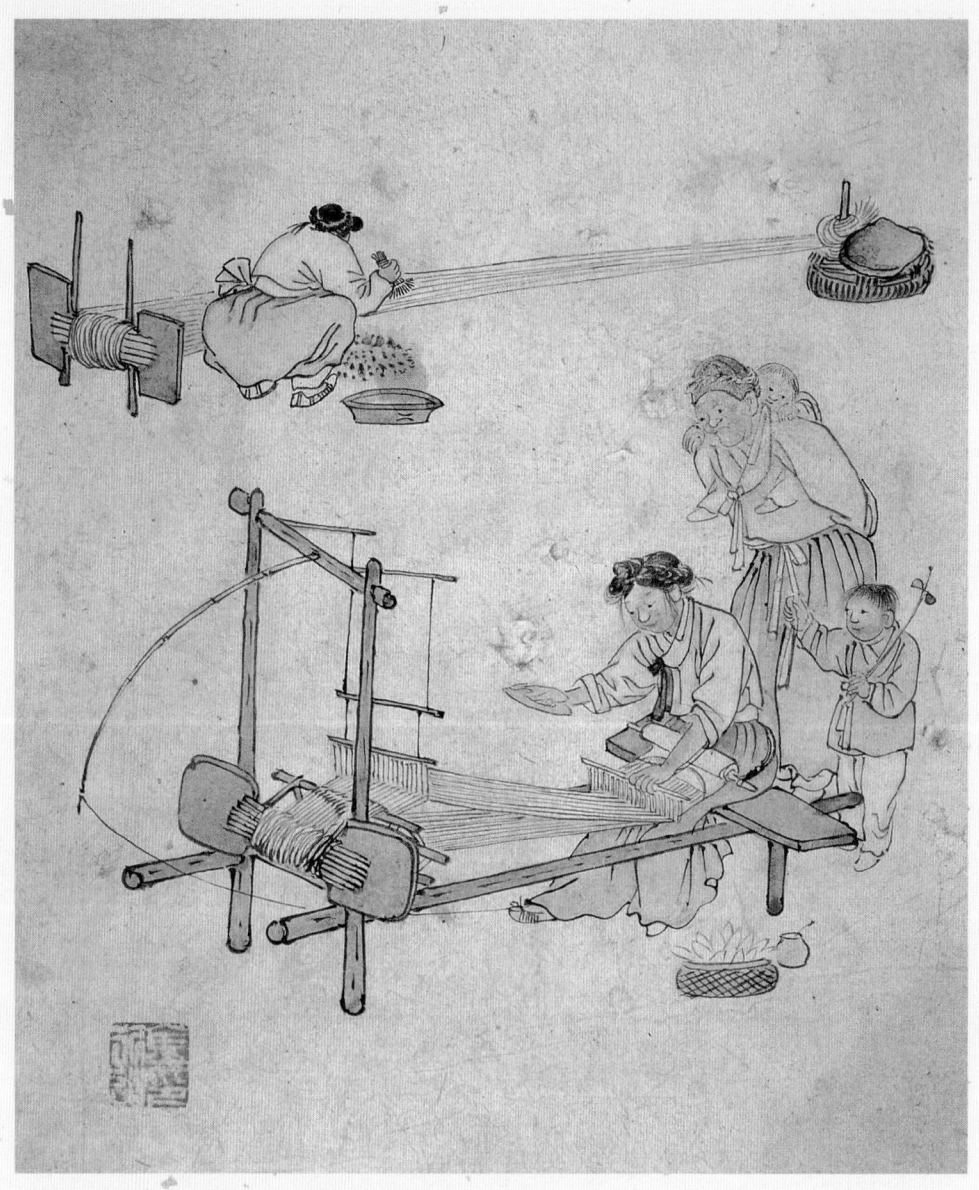

「길쌈」, 종이에 담채, 27.0×22.7㎝, 『단원풍속화첩』에 수록, 국립중앙박물관(중박 200810-381)

 무엇을 볼까요?

시어머니는 왜 얼굴을 찡그리고 있을까요

　길쌈이란 베틀로 옷감을 짜는 일을 말하지요. 옛날에는 저렇게 일일이 손으로 옷감을 짰거든요. 농사와 더불어 매우 중요한 일이었지요. 그래서 남자는 쟁기질을, 여자는 길쌈 잘하는 사람을 대접해 주었습니다. 여러분이 잘 아는 견우와 직녀도 소 모는 남자와 베 짜는 여자 이야기잖아요.

　아래쪽에 여인이 앉아 있는 커다란 기구가 베틀입니다. 오른손에 든 게 북베틀에 딸린 부속품으로 씨올의 실꾸리를 넣는 도구이고, 왼손은 바디베틀에 달린 부속품으로 날을 고르며 씨를 치는 도구를 잡고 있습니다. 베틀에는 국수 가락처럼 생긴 기다란

어머니는 베틀에 앉아 베를 짭니다.

실이 아래위로 나뉘어 있지요. 오른발에는 줄이 연결된 베틀신을 신었는데, 이 줄을 앞으로 당기면 아래 위의 실 간격이 더욱 벌어집니다. 그 사이로 북을 집어넣으면 북에 연결된 씨실과 베틀의 날실이 바둑판무늬처럼 교차되고 다시 바디로 당기면 촘촘하게 죄여지면서 옷

며느리의 솜씨가 못마땅한 시어머니는 뒤에서 인상을 쓰고 있습니다.

감이 짜이는 거지요.

베 짜는 기술은 시어머니가 대물림하였습니다. 속도가 느리거나 옷감을 잘못 짜면 시어머니의 따가운 눈총을 받았지요. 그림에도 뒤에서 지켜보는 시어머니의 표정이 좋지 않군요. 며느리의 솜씨가 못마땅한가 봅니다.

길쌈은 참으로 힘든 일이었지요. 낮에 농사일이나 집안일을 끝내면 밤늦도록 길쌈을 했답니다. 하루에 열네 시간씩, 꼬박 이레를 짜야 겨우 옷 한 벌 만들 옷감을 짤 수 있었다는군요. 그래서 오죽하면 '다 죽거라 다 죽거라 삼씨장사 다 죽거라'라는 노래까지 퍼졌을까요. 베를 삼으로 만들거든요.

위에는 무슨 일이냐고요? 실에 풀을 먹이는 '베매기' 작업 중이지요. 이렇게 해야만 실이 빳빳해져서 잘 끊어지지 않는답니다. 대야에 담긴 것이 풀이고 실 아래에는 풀이 빨리 마르라고 숯불을 피워놓았습니다. 솔을 손에 잡고 쪼그려 앉아 풀을 먹이는 일도 쉽지는 않아 보

실을 튼튼하게 만들려고 풀을 먹이고 있습니다.

이는군요. 우리 어머니들은 정말로 고달프게 살았습니다.

바람개비놀이는 어떻게 했을까요

어머니가 바쁘게 일할 동안 어린 아들은 뭘 할까요? 아직 일을 거들기에는 나이가 너무 어립니다. 할머니의 허리끈을 살며시 잡아당기며 조르는군요. 밖으로 나가 놀자는 뜻이겠지요. 하지만 할머니는 나갈 틈이 없습니다. 베 짜는 일을 봐줘야 하거든요. 할 수 없습니다. 아이는 혼자서 밖으로 나가겠지요. 뭘 하냐고요? 왼손을 보세요. 바람개비를 들었잖아요. 저걸 가지고 노는 겁니다.

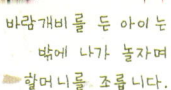
◈에 바람개비를 든 아이는 밖에 나가 놀자며 할머니를 조릅니다.

『동국세시기』라는 옛날 책에 "아이들은 정월 대보름이 지나면 연날리기를 그만두고 오색 종이에 풀칠을 하여 대나무 가지의 양끝에 붙이고, 자루 끝에 구멍을 뚫고 연결하여 빙빙 돌도록 만든다. 이것을 바람개비놀이라고 한다"라고 씌어 있습니다.

바람개비는 팔랑개비라고도 하지요. 손에 들고 달리면 바람 때문에 빙빙 잘 돌아갑니다. 마치 선풍기가 돌아가듯 말입니다. 손에 들고 달리다가 싫증나면 입에 물고 달리기도 하지요. 바람개비 자루를 손으

신광헌, 「초구도」, 종이에 담채, 35.3×29.5cm, 국립중앙박물관

로 비벼서 돌리기도 하고, 자루에 끈을 감았다가 빨리 풀어 공중으로 날려 보내기도 하지요. 누구의 바람개비가 더 높이 오르는지 시합하는 겁니다. 이렇게 놀다보면 시간가는 줄도 모르겠지요.

> **『동국세시기』**
>
> 조선후기인 1849년 홍석모라는 사람이 지은 민속 해설서로 옛날부터 전해오는 우리나라의 연중행사 및 풍속을 설명해놓았습니다. 이 책에는 1월부터 12월까지 1년의 세시풍속들을 월별로 잘 정리해 놓았지요. 단오나 추석처럼 날짜가 분명한 것과 날짜가 분명하지 않은 풍속들은 따로 구별해서 써 놓았습니다. 우리 민족의 세시풍속을 자세히 알 수 있는 귀중한 자료집입니다.

바람개비는 아이들이 매우 즐기던 놀이였습니다. 「초구도(招狗圖)」란 그림에도 나옵니다. '초구'란 개를 오라고 부른다는 뜻이지요. 이 그림에는 아이 혼자입니다. 어른들은 모두 일하러 갔나 봅니다. 심심했던 아이가 개를 놀리고 있습니다. 오른손에 바람개비를 들었군요. 개가 쫓아오면 바람개비를 들고 신나게 뛰어가겠지요.

이번에는 우리가 놀 차례입니다. 여러분도 학교에서 자주 바람개비를 만들어 보았을 겁니다. 수수깡과 색종이만 있으면 되니까요. 그림처럼 잘 만들 수 있겠습니까? 함께 밖으로 나가 신나게 달려볼까요!

제3교시

쌍둥이? 같은 듯 다른 하나
「대장간」 「편자 박기」 「행상」

바람개비놀이 재미있었나요? 아, 그렇다고요? 옛 그림 학교에서는 게임기나 휴대 전화를 쓸 수 없지만 그래도 얼마든지 재미나게 놀 수 있지요. 심지어는 중간놀이 시간 때문에 온다는 친구들도 있다나요.

참, 이 자리에 쌍둥이는 없습니까? 작년에는 몇 명 왔었는데, 웬만한 눈썰미로는 구별할 수 없더군요. 나중에는 귀에 있는 점을 보고 구별하는 요령이 생겼지요.

그림에도 쌍둥이가 있습니다. 물론 한 날 한 시에 태어난 작품은 아닙니다. 같은 화가의 작품도 아닙니다. 그런데 비슷합니다. 처음 보는 사람은 헷갈리기 마련이지요. 마침 『단원풍속화첩』에는 다른 화가들의 작품과 비슷한 쌍둥이 그림이 몇 점 있거든요.

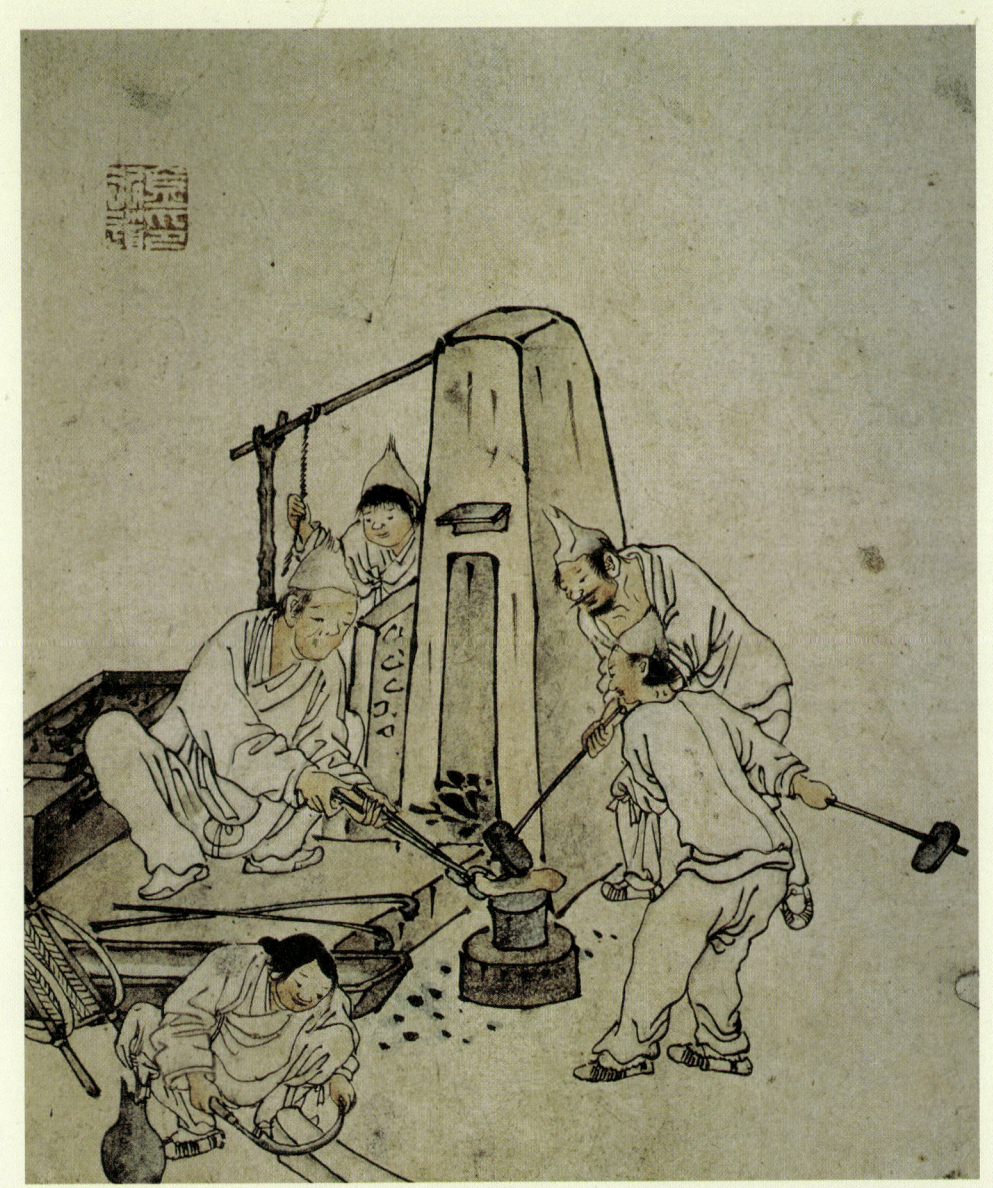

「대장간」, 종이에 담채, 27.0×22.7cm, 『단원풍속화첩』에 수록, 국립중앙박물관(중박 200810-381)

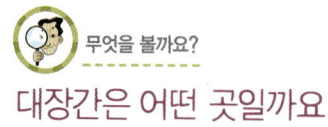 무엇을 볼까요?

대장간은 어떤 곳일까요

첫 번째 그림은 「대장간」입니다. 대장간은 낫, 호미, 쇠스랑, 보습_{땅을 갈아 흙덩이를 일으키는 데 쓰는 농기구} 같이 쇠로 된 농기구를 만드는 곳입니다. 달군 쇠를 망치로 두드려 가며 필요한 도구를 만들자니 하루 종일 시뻘건 불빛과 시끄러운 쇳소리가 끊이질 않았지요.

여기가 대장간입니다. 어딜 가나 대장간 모습은 비슷하지요. 가운데는 가장 중요한 화로가 굴뚝처럼 높이 솟았군요. 높은 열로 쇠를 달구는 시설이지요. 화로는 대장간을 상징합니다.

일꾼들이 하는 일은 세 가지로 나뉩니다. 먼저 집게로 달군 쇠를 잡고 있는 사람이 보이지요. 바로 대장간의 우두머리 대장입니다. 대장은 쇠를 달구는 불림, 망치로 두드리며 모양을 만드는 벼림질, 그리고 찬물에 식히는 담금질까지 대장간의 모든 작업을 감독합니다. 커다란 메_{무엇을 치거나 박을 때 쓰는 쇠나 나무로 만든 방망이}로 달군 쇠를 내려치는 사람들은 메질꾼입니다. 두 명에서 번갈아 메를 내리치는 중이지요. 그 아래 둥근 물건이 모루입니다. 달군 쇠를 올려놓는 도구이지요. 풀무꾼은 화로 옆에서 줄을 잡고 서 있네요. 우리 눈에는 안 보이지만 지금 발로 열심히 풀무질을 하고 있습니다. 풀무란 불을 피울 때 바람을 일으키는 도구입니다. 더 높은 열을 얻으려고 화로에 공기를 공급하는

김득신, 「대장간」, 종이에 담채, 22.4×27cm, 간송미술관

중이지요. 일꾼들은 모두 활활 타오르는 불꽃처럼 생긴 모자를 썼습니다. 마치 '우리는 대장간 일꾼이다' 라고 표시한 것 같군요.

그럼, 또 다른 「대장간」 그림도 볼까요.

 무엇을 볼까요?

무엇이 어떻게 확 바뀌었을까요

앞의 그림은 김득신의 「대장간」입니다. 얼핏 보면 김홍도의 「대장간」과 비슷하지요? 선생님도 처음에는 헷갈렸는데 몇 번 보니 익숙해졌습니다. 두 그림을 찬찬히 뜯어보면 다른 점도 꽤 많습니다.

우선 김득신의 그림에는 배경이 있습니다. 길쭉한 기둥과 짚으로 엮은 지붕이 보이잖아요. 구도 역시 다릅니다. 김홍도의 그림에는 사람들이 왼쪽 아래로 몰렸잖아요. 그러다 보니 위쪽에 공간이 많이 남았습니다. 김득신은 이 빈 공간에 주변 풍경을 그려 넣었습니다. 사람들은 정확하게 가운데 자리 잡고 있군요.

이번에는 대장을 비교해볼까요. 두 그림 중 가장 차이 나는 장면입니다. 대장의 모습

김득신은 어떤 사람일까요?

김득신(1754~1822)의 호는 긍재(兢齋)로 김홍도, 신윤복과 더불어 3대 풍속화가로 꼽힙니다. 김득신은 화원 가문 출신인데 아버지 김응이, 큰 아버지 김응환, 동생 김석신 등이 모두 화가로 이름을 날렸지요. 김득신은 정조 임금조차 김홍도와 실력이 비슷하다고 했을 만큼 솜씨가 뛰어났어요. 몇몇 작품의 분위기는 김홍도의 풍속화와 비슷해서 김홍도의 제자라는 소문도 있습니다. 그러나 도둑고양이의 병아리 납치 사건을 그린 「야묘도추」, 노름판의 모습을 그린 「투전」 등에서는 김득신 특유의 개성이 물씬 풍깁니다.

대장은 대장간의 모든 작업을 감독합니다. 김득신의 대장은 대장답게 자신감이 넘쳐 보입니다.

덕분에 분위기가 완전히 달라졌으니까요. 김홍도의 대장은 좀 초라한 모습입니다. 양다리를 벌린 채 쪼그려 앉았잖아요. 일그러진 입도 보기 싫습니다. 왠지 힘이 없어 보입니다. 김득신은 이게 불만이었던 것 같습니다. 힘 있는 대장으로 확 바꾸어버렸습니다. 벌어진 양다리가 보기 싫어 아예 옆모습으로 그렸습니다. 길게 늘어진 소맷자락도 싹둑 잘랐습니다. 건강한 팔뚝이 드러났군요. 배까지 살짝 보여주며 야성미도 강조합니다. 무엇보다 표정이 압권입니다. 마치 우리를 향해 "뭘 봐?" 하고 노려보는 것 같잖아요. 아주 당돌하게 생긴 대장입니다.

메질꾼도 볼까요. 뒷사람은 비슷한데 앞 사람이 많이 다릅니다. 역시 김득신의 그림에서 힘이 느껴지는군요. 우선 양다리를 좀더 벌려 안정된 느낌을 주었습니다. 메를 잡은 팔도 뒤로 힘껏 내뻗어 더욱 힘

첫째 날 | 옛 그림과 하나 되기 | **177**

●
메질꾼은
번갈아 메를 내려치고
있습니다.
김득신의 메질꾼은 팔을
뒤로 내뻗은 모습이
힘 있어 보입니다.

이 느껴집니다. 김홍도의 메질꾼은 엉덩이가 뒤로 쭉 빠져 엉거주춤한 자세인데, 김득신의 메질꾼은 엉덩이를 안으로 쏙 집어넣었습니다. 꼬불꼬불한 옷 선도 다리미로 다린 듯 힘 있게 쭉 그었습니다. 가장 다른 점은 웃통을 벗겨버렸다는 것입니다. 옷을 입은 김홍도의 그림보다 힘찬 야성미가 느껴지지 않나요.

풀무꾼도 다릅니다. 바른 자세로 줄을 잡은 김홍도의 풀무꾼은 얌전해 보이지요. 김득신의 풀무꾼은 아예 팔짱을 낀 채 팔자 편하게 기대었습니다. 여유가 넘칩니다. 생김새도 대장을 닮았군요. 형제 사이일지도 몰라요.

김홍도의 그림에는 낫 가는 소년이 있습니다. 그런데 대장간의 일꾼 같지는 않습니다. 불꽃 모자를 쓰지 않았잖아요. 뒤에 지게가 보입니다. 산에 나무 하러 가다가 무딘 낫을 갈려고 들렀나 봅

이 두 소년은 풀무꾼입니다. 우리 눈엔 안 보이지만 발로 풀무질을 해 화로에 공기를 넣고 있어요.

니다. 김득신의 그림에서는 아예 뺐군요. 김득신은 네 사람만으로도 충분히 시끌벅적한 대장간의 분위기를 살렸다고 생각한 것 같습니다.

어때요. 이렇게 두 그림을 비교하면서 읽으니 훨씬 눈에 잘 들어오지요. 두 그림의 차이점과 화가의 개성이 뚜렷하게 나타납니다. 그런데 이번 시간엔 선생님이 김홍도의 그림을 흠 본 것 같죠? 이제까지 칭찬만 열심히 했는데. 그래서 그런지 이 그림은 김홍도가 그린 것이 아니라고 말하는 사람도 있습니다. 무슨 말이냐고요? 다음 그림을 한 점 더 보고 이야기 하겠습니다.

낫 가는 소년은 김득신의 그림에서는 빠졌습니다.

「편자 박기」, 종이에 담채, 27.0×22.7cm, 『단원풍속화첩』에 수록, 국립중앙박물관(중박 200810-381)

 무엇을 볼까요?

김홍도의 솜씨가 아닐지도 몰라요

'개발에 편자' 라는 말, 들어 보았는지요. 편자는 말발굽에 다는 물건입니다. 그걸 개발에 달아보세요. 전혀 어울리지 않겠지요. 그러니까 이 말은 격에 맞지 않는다는 뜻입니다. 편자는 또 뭐냐고요? 알파벳 U자 모양으로 생긴 말 신발입니다. 말은 많이 달리는 동물이잖아요. 게다가 발굽이 꽤 단단하답니다. 단단한 발굽이 거친 바닥에 자주 닿으면 어떻게 되겠어요? 말발굽이 금방 닳아버리겠지요. 그래서 발굽을 보호하기 위해 쇠로 된 물건을 박아놓는데 이게 편자입니다.

편자를 박는 일은 쉽지 않습니다. 발에 쇠붙이를 박는데 말이 가만히 있겠습니까. 막 몸부림을 치겠지요. 그 장면을 생생하게 담은 그림이 「편자박기」입니다.

옷 입은 사람은 말이 꼼짝 못하도록 긴 막대기에 네다리를 묶어 놓고, 윗옷을 벗은 사람이 발굽에 편자를 박고 있습니다. 편자는 대장장이들이 박았나 봅니다. 망치를 든 사람이 머리에 불꽃 모자를 썼잖아요. 하기야 대장간에서 편자를 만들었으니 이것도 그들의 일이겠지요.

말발굽에 편자 박는 일은 대장장이의 일이었나 봅니다.

이 그림은 좀 아쉬운 점이 있습니다. 말이 몸부림치는 장면 말고는 달리 볼 것 없이 밋밋하니까요. 말 다리를 묶은 사람이나 편자를 박는 사람 모두 표정이 없잖아요. 김홍도가 졸면서 그린 걸까요.

비슷한 그림이 또 있습니다. 조영석의 「편자박기」입니다. 역시 비슷하지만 다른 점이 많습니다. 이제는 찾을 수 있겠지요.

여기에는 나무 한 그루가 있습니다. 자연스레 배경이 되었지요. 그런데 이 나무는 정말 살아 있는 나무라기에는 좀 뻣뻣한 느낌을 줍니다. 살아 움직이는 사람과 말에 비해 좀 어색하군요. 조영석은 처음으로 풍속화를 그리기 시작한 선비 화가입니다. 첫째 날 「새참」을 공부하면서 배웠잖아요. 기억 나지요? 아무래도 나무 같은 자연

조영석, 「편자 박기」, 종이에 담채, 36.7×25.1cm, 국립중앙박물관

물은 이전에 산수화를 그릴 때처럼 형식적으로 그리던 습관이 남아 있기 때문에 이렇게 어색해 보이는 게 아닐까요.

말 머리 아래에는 가마니를 깔았습니다. 몸부림을 치다가 머리에 상처라도 나면 큰일이잖아요. 모자를 쓴 사람은 나뭇가지로 말을 어르고 있습니다. 얼굴 표정은 잘 보이지 않는군요. 편자는 앉은 사람이 박고 있습니다. 얼굴을 보세요. 입을 꽉 다문 야무진 표정입니다. 이를 악물고 발버둥치는 말의 모습과 비교되는군요.

그런데 선생님은 문득 이런 생각이 떠올랐습니다. 말을 눕히지 말고 세워둔 채 발만 살짝 들어 편자를 박으면 쉬울 텐데. 여러분은 안 그렇습니까? 과연 중국에서는 그렇게 했답니다. 이덕무라는 사람이 지은 『앙엽기(盎葉記)』라는 책을 보면 "우리나라에서는 말의 네 다리를 묶어서 눕힌 다음 편자를 박는데, 중국에서는 말을 그대로 세워놓고 말굽을 들어 무릎에 얹은 다음 박는다"라고 나와 있거든요. 그러니 이런 그림은 우리나라밖에 없겠지요.

아무튼 두 그림은 사람보다는 괴로워서 몸부림치는 말에 중심을 두었습니다. 어찌나 실감나는지 보는 사람도 덩달아 말처럼 이를 꽉 깨물게 됩니다. 여러분은

• 말이 몸부림 치다가 상처라도 날까, 조심스레 머리 밑에 가마니를 깔아 뒀습니다.

• 야무진 표정으로 편자를 박고 있어요.

> **이덕무와 『앙엽기』**
>
> 이덕무(1741~93)는 조선 후기의 실학자로 호는 청장관(靑莊館)입니다. 서자 출신으로 부족한 환경에서 자랐으나 젊어서부터 글솜씨로 이름을 떨쳤지요. 유명한 실학자인 홍대용, 박지원, 박제가 등과 어울리면서 배움을 키워나갔고 정조 임금에게 뽑혀 궁궐 도서관인 규장각에서 많은 책을 편찬했습니다. 이덕무의 생각은 그가 지은 책 『청장관전서』에 잘 나타나 있습니다. 이 책은 오늘날의 백과사전과 비슷한데 『앙엽기』는 이 속에 든 또 하나의 책으로 역사, 풍속, 책, 경전에 관하여 보고 들은 내용이 적혀 있지요.

어느 그림이 보기 좋습니까? 물론 보는 관점에 따라 서로 장단점은 있지만, 김홍도의 그림이 왠지 서툴게 보이지 않나요? 그러니 진짜 김홍도의 작품이 아닐지도 모른다는 말입니다.

아까 본 「대장간」도 의심이 간다는 말을 슬쩍 했습니다. 분명 『단원풍속화첩』 속의 스물다섯 작품에는 김홍도의 도장이 찍혀 있습니다. 그리고 많은 작품이 김홍도의 솜씨를 잘 보여주고 있습니다. 그러나 몇 점은 좀 서툰 솜씨로 그려졌습니다. 「대장간」과 「편자박기」도 그렇습니다.

여기에는 많은 이야기가 있습니다. 원래는 스물다섯 점 모두 김홍도의 그림이었는데 사람들이 자주 보면서 망가진 몇 점을 다른 사람이 대신 그렸다고도 하고, 비싼 값에 팔기 위해서 당시 최고의 화가인 김홍도의 이름을 훔쳐다 썼다는 말도 있습니다. 물론 어느 것도 정확한 사실은 아닙니다. 수준이 좀 떨어지는 몇 점의 그림이 섞이다 보니 그런 이야기가 나오게 된 거지요. 이건 여러분들이 나중에 밝혀 주리라 믿습니다.

「행상」, 종이에 담채, 27.0×22.7cm, 『단원풍속화첩』에 수록, 국립중앙박물관(중박 200810-381)

 무엇을 볼까요?

최고의 풍속화가들, 어떤 개성이 엿보일까요

이번에는 선생님이 아주 좋아하는 그림입니다. 재미있고 여유가 넘치는 다른 그림에 비해 색다른 맛이 느껴지거든요. 맞벌이 부부의 안타까운 사연이 고스란히 담겼지요.

두 사람은 행상입니다. 그래서 제목도 「행상」이군요. 행상은 물건을 이고 진 채 이 마을 저 마을로 팔러 다니는 떠돌이 장사꾼이지요. 남자는 다 해진 벙거지를 쓰고 나무통을 짊어졌습니다. 통 속에는 팔러 다니는 생선이나 젓갈이 들어 있지 않을까요.

여자는 광주리를 이었습니다. 다리에 행전바지를 입을 때 정강이에 감아 무릎 아래 매는 헝겊을 단단히 메고, 치마도 확 걷어 올렸군요. 걸어 다니기에 편한 옷차림이죠. 무엇보다 인상적인 것은 등에 업힌 아기입니다. 저고리 속에 쏙 들어 있는 아기를 보니 가엾기도 하고, 한편으로는 웃음도 나옵니다. 요즘처럼 어린이집이라도 있었으면 좋으련만. 덩달아 아기까지 고생이군요.

분명 두 사람은 맞벌이 부부입니

행상 부부의 고단한 삶이 그려져 있습니다.

다. 둘이 애써 벌어야 겨우 입에 풀칠이라도 하는 어려운 생활이지요. 이고 진 짐이 그들 삶의 무게만큼이나 힘겨워 보입니다. 두 사람은 헤어지려는 참일까요, 우연히 만난 걸까요. 서로의 안부를 걱정해주는 눈빛이 애틋합니다.

비슷한 그림이 또 있습니다. 신윤복의 「어물장수」라는 그림입니다. 오른쪽 위에 한자로 '혜원(蕙園)'이라는 글씨가 보이지요. 신윤복의 호가 혜원입니다. 단원(檀園) 김홍도, 혜원 신윤복, 그래서 이 두 사람을 양원(兩園)이라 불렀지요. 둘 다 호에 '원' 자가 들어가니까요. 신윤

신윤복, 「어물장수」, 비단에 담채, 26.2×19.1㎝, 국립중앙박물관

복은 김홍도와 쌍벽을 이루는 풍속화가였습니다. 두 그림을 한 번 비교해 볼까요.

「어물장수」는 등장인물이 모두 여자입니다. 아까 남자가 섰던 자리에는 젊은 여자가 섰군요. 지게 대신에 광주리를 이었습니다. 생선 꼬리가 살짝 보이는 걸 보니 어물장수로군요. 손에 든 바구니에는 채소

도 들었습니다. 팔러 다니는 물건일까요. 생선 값 대신 받은 걸까요. 맞은편 여자는 나이가 더 들어 보입니다. 물론 아기도 없습니다. 오른쪽에 바구니가 살짝 보이네요. 역시 같은 행상일까요.

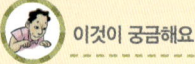 이것이 궁금해요

또 하나의 이름, 호(號)

옛 분들은 본 이름 외에 아명, 자, 호, 시호 등 다른 이름을 지어 불렀습니다. 본명은 소중해서 함부로 불러서는 안 되기 때문이지요. 아이가 태어나면 본명을 지어주지만 어릴 때는 아명(兒名)을 부릅니다. 아명이 천할수록 오래 산다는 믿음 때문에 천박하게 짓습니다. 예를 들어 고종 황제의 아명은 개똥이었고, 황희 정승은 도야지였답니다.

성인식인 관례를 치르면 더이상 아명을 부르지 않고 새로운 이름인 자(字)를 썼습니다. 역시 본명 대신 부르기 위해 지은 이름이지요. 자는 이름을 빛나게 하기 위해 화려하게 짓는 경우가 많았어요. 이를 가까운 친구나 이웃들이 허물없이 불렀습니다. 김홍도의 자는 사능입니다.

호는 아호(雅號)라고도 하는데 '우아한 이름'이라는 뜻입니다. 보통 결혼한 후 학문과 덕행이 높아져서 존경을 받게 되면 호를 짓습니다. 호는 고향 이름이나 옛날이야기 또는 그 사람의 특징을 보고 짓습니다. 대개 스승 또는 가까운 친구가 지어주고 때로는 스스로 짓기도 하지요. 남이 지어줄 경우에는 화려하게, 자신이 지을 경우에는 스스로를 낮추거나 자신의 뜻을 담습니다. 이황의 호는 퇴계이고 김홍도의 호는 단원입니다.

시호는 왕이나 높은 벼슬아치 혹은 나라에 큰 공이 있는 사람이 죽은 다음에 붙여 주었습니다. 보통 '문(文)·충(忠)·무(武)·열(烈)·정(貞)' 같은 좋은 글자를 많이 썼습니다. 잘 알려져 있는, 이순신 장군의 호가 바로 '충무'였지요.

두 그림은 비슷한 점이 많습니다. 같은 행상을 소재로 했고 마주 선 자세도 닮았잖아요. 아마도 나중에 태어났던 신윤복이 김홍도의 그림을 참고했을 겁니다. 하지만 다른 점도 많습니다. 잠을 자는 듯한 여자의 얼굴, 곱디고운 신발, 그리고 다래머리_{조선 시대에 유행했던 머리 모양으로 머리채가 크고 탐스럽게 보이도록 다른 머리로 심을 만들어 붙인 머리}는 도저히 행상의 모습이라 생각되지 않을 정도로 화사합니다. 신윤복은 고단한 행상의 모습이 아니라 곱게 단장한 여인의 모습을 보여주려 한 것 같습니다. 이게 신윤복의 그림 스타일이지요. 투박한 김홍도의 「행상」에 비해 훨씬 세련되어 보입니다.

그런데 왜 행상 그림이 이렇게 많으냐고요? 농업이 중심이었던 조선에 이때부터 상업이 발달하기 시작하여 전국에 많은 행상들이 등장했기 때문입니다. 풍속을 그리는 화가들의 눈에 억척스럽게 살아가는 행상들의 모습은 놓쳐서는 안 될 중요한 삶의 모습이었던 것이지요.

앞쪽을 바라보고 있는 여인은 어물장수 답지 않게 곱사합니다.

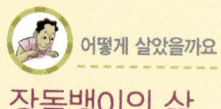 어떻게 살았을까요

장돌뱅이의 삶

　행상은 원래 장이 발달하기 전에 전국을 돌아다니며 물건을 파는 상인들이었습니다. 이들은 빗, 놋그릇, 나무그릇, 옷, 농기구, 생선, 소금 등 지역의 특산물을 사다가 이걸 필요로 하는 농촌으로 돌아다녔지요. 그러니 행상은 농촌 사회에 생활필수품을 공급해주는, 없어서는 안 될 존재였습니다.

　그런데 조선 후기에 들어서면서 전국적으로 많은 장이 생겨나자 집집마다 돌아다니는 대신 각 시장을 돌아다니면서 그곳에 자리를 잡고 물건을 팔게 됩니다. 장은 보통 5일마다 한 번씩 열렸지만 부근의 여러 고을이 1·6일, 2·7일, 3·8일, 4·9일, 5·10일씩 날을 정해 놓고 돌아가면서 열렸기에 매일 장이 서는 것이나 마찬가지였습니다. 행상들은 한곳의 장이 끝나면 밤새 걸어서 이웃 장으로 옮겨 다녔어요. 그래서 장을 따라 돈다고 장돌뱅이라 부른 겁니다.

　조선 후기에는 장도 많이 생기고 농촌에서 땅을 얻지 못하고 쫓겨난 농민들까지 행상으로 나서는 바람에 그 수가 무척 많아졌습니다. 이들이 돌아다니면서 장사를 하니 먹고 자는 주막이 발달하였고 새로운 길도 생겼습니다. 이들은 다른 지방의 소식을 전해주는 역할도 했지요.

　하지만 대부분 하루 먹고살기도 힘든 가난한 생활을 했고, 집이 없어 가족을 모두 데리고 장삿길에 나서는 사람들도 많았습니다. 그래서 여자 행상들도 생기게 된 겁니다. 돌아다니다가 사나운 짐승이나 도적을 만나 죽거나 병들기도 하는 등 위험이 많이 따라, 가는 길마다 고생의 연속이었답니다.

제4교시 자유토론
『단원풍속화첩』과 김홍도

이제 『단원풍속화첩』의 그림을 모두 보았습니다. 뭔가 큰일을 해낸 느낌이지요? 이번 마지막 시간에는 여러분이 애써 읽은 『단원풍속화첩』에 대해서 정리를 해보는 것도 의미 있는 일이라 생각됩니다. 아울러 화가 김홍도에 대해서도 아직 못 다한 이야기가 많습니다. 같이 곁들여서 정리하는 시간을 갖도록 할게요.

 함께 얘기해봐요

『단원풍속화첩』의 등장인물은 모두 몇 명일까요

　『단원풍속화첩』에 등장하는 사람들은 모두 몇 명이나 될까, 혹시 세어 본 사람 있나요?

　제가 그런 쓸데없는 일을 잘 하거든요. 두 번이나 세어 봤는데 모두 184명이었어요. 가장 많은 그림은「나룻배」로 26명, 가장 적은 건「편자박기」의 2명이에요.

　와! 대단합니다. 그걸 다 세어보다니요. 그래요. 여기에는 남자와 여자, 아기와 노인, 양반과 상민, 그리고 온갖 직업을 가진 사람들이 184명이나 등장합니다. 게다가 소, 말, 개, 나귀, 갈매기 같은 동물들까지! 조선 시대를 다룬 장편영화를 보는 듯한 감동입니다. 그렇기 때문에 사회책에도 자주 실리는 거지요.

　왜 이렇게『단원풍속화첩』이 흥미를 끌까요?

　쉽고 재미있잖아요. 마치 만화를 보는 것 같아요. 옛날에 그린 그림이지만 무엇을 하고 있는지도 금방 알 수 있어요. 신윤복의 풍속화도 몇 번 보았는데 그분 것은 어떤 내용인지 잘 모르겠더라고요.

　사실적이라는 점도 빼놓을 수 없어요.「기와이기」나「씨름」을 보면 정말 집 짓는 현장이나 씨름장에 와 있는 기분이 든다니까요.

　전체적으로 그림의 분위기는 어때요?

🧒 무척 여유로워요. 실제로 당시 백성들은 살기가 매우 어려웠다고 들었거든요. 그런데 저렇듯 여유롭고 넉넉한 느낌이 드는 건 웬일일까요.

👦 저도 비슷한 생각을 했어요. 『단원풍속화첩』은 여유롭기도 하지만 즐거운 분위기도 풍기잖아요. 이상해요. 대부분 힘든 일을 하는 중인데 어떻게 저런 즐거운 표정을 짓는지 신기해요.

👨 화가의 개성 탓 아닐까요. 김홍도는 성격이 여유롭고 낙천적이었다고 들었어요. 그림은 한 개인의 예술작품이잖아요. 화가의 성격이 많이 반영될 수밖에 없지 않겠어요?

생활고에 시달린 백성들에게 위안을 주려는 뜻도 있을 것 같아요. 『단원풍속화첩』은 글을 모르는 서민들을 위한 그림이라고 했잖아요. 그런 사람들이 보고 얼마나 즐겁고 행복해했을까요. 예술작품의 가장 큰 역할이 이런 것 아닐까요?

정말로 글을 모르는 서민들 보라고 그린 걸까 의심스러워요. 아무리 쉽고 재미있어도 백성들이 보는 건 무리가 아닐까요. 먹고 살기도 바쁜데 언제 저런 걸 볼 틈이 있었겠어요?

그렇기도 하네요. 보통 서민들을 위한 그림이라고 알려졌지만 다른 의견도 만만치 않거든요. 심지어 임금에게 보여주려고 그렸다는 사람도 있습니다. 임금은 백성들의 사정을 잘 모르잖아요. 이 그림을 통해서 알 수 있는 것이지요. 백성들이 보았든 임금이 보았든 이 그림을 보고 많은 사람들이 즐겁고 행복했던 건 틀림없습니다. 지금 우리들도 즐겁잖아요.

함께 얘기해봐요

『단원풍속화첩』의 '비장의 멋'은 무엇일까요

『단원풍속화첩』에는 쉽고, 재미있고, 여유롭고, 즐거운 멋이 있습니다. 그런데 이렇게 눈으로 드러나는 것 말고 숨겨진 멋도 있습니다. '비장의 멋'이라고나 할까요. 누가 생각해 본 사람이 있나요?

일동 …….

🧑 너무 어려웠나요? 종합적인 면을 생각해보세요. 한 작품 속에 반대되는 느낌이 들어 있거든요. 음양의 조화라고 해도 되겠지요.

👧 으음, 「무동」의 춤추는 아이 말이에요. 굉장한 힘이 느껴지는 춤인데 한편으로는 매우 부드러워요. 다른 사람들도 그렇게 느꼈는지 모르겠어요.

🧑 그렇습니다. 그걸 음양의 조화라고 하지요. 강하면서도 부드럽잖아요. 서로 반대되는 느낌이 절묘한 궁합을 이루었습니다.

🧑 「쟁기질」도 그런데요. 소의 힘찬 기운이 느껴지는 한편 웃는 농부들의 모습에는 여유로움이 넘쳐요. 역시 강함과 부드러움이 함께 있잖아요.

🧑 「말 탄 사람들」도 그래요. 힘차게 달리는 말과 제멋대로 앉은 사람들이 서로 다른 느낌인데 기막힌 조화를 이루었어요.

🧑 와! 이제는 선생님이 가르칠 게 하나도 없습니다. 정말 하산해도 되겠군요. 어쩜 그렇게 콕콕 잘 집어내는지, 정말 놀랐습니다. 맞아요. 『단원풍속화첩』의 그림마다 이런 힘과 부드러움이 동시에 들어 있습니다. 「씨름」에서도 용쓰는 선수와 여유 있는 엿장수, 「타작」의 힘찬

농부들과 누워 있는 지주의 게으름, 「새참」의 허겁지겁 급하게 밥을 먹는 남자들과 아기를 보듬어 품어주는 어머니의 여유 등등, 거의 모든 그림에서 정반대의 느낌이 절묘하게 조화를 이루고 있지요. 과연 『단원풍속화첩』 비장의 멋, 최고의 멋이라고 할 수 있습니다.

김홍도는 어떤 화가였을까요

 김홍도의 그림 솜씨는 세상이 알아줬잖아요. 대체 언제부터 그리기 시작했을까요?

「고기잡이」에서 배웠잖아. 강세황이 안산에 살 때 어린 김홍도가 그림을 배우러 드나들었다고.

그래요. 강세황이 쓴 『단원기(檀園記)』라는 글에 보면, 김홍도가 젖니를 갈 무렵부터 강세황에게 그림을 배웠다고 씌어 있습니다. 젖니는 일고여덟 살 무렵부터 갈기 시작하니까 지금 나이로 유치원 다닐 때쯤 그림을 시작한 셈이지요.

그러니까 조기 미술 과외를 시작한 거네요.

하하하, 듣고 보니 그렇군요. 그럴 수밖에 없는 까닭이 있습니다.

김홍도는 신분이 높지 않았다면서요. 화가 말고 할 수 있는 게 별로 없었다고 들었어요.

맞습니다. 김홍도는 중인 출신입니다. 상민보다는 좀 나아도 양반은 아니거든요. 아무리 공부를 해도 높은 벼슬은 할 수 없었어요. 중인들은 의원이나 화원, 통역관 같은 낮은 직급의 일을 했습니다. 그래서 김홍도도 일찍 화가의 길로 들어선 거지요.

언제부터 이름이 알려지기 시작했는데요?

김홍도는 강세황의 추천으로 일찍 도화서에 들어갔다고 들었어요. 아마 그림 솜씨는 타고났나

서로 반대되지만 조화로운 것, 음양

음양은 동양 사상의 핵심을 담은 『주역』이라는 책에 나오는 말로, 서로 반대되는 성질의 짝을 말합니다. 어둠이 음이라면 빛은 양이고, 땅이 음이면 하늘은 양, 여자가 음이면 남자는 양이 되는 것이지요.
이밖에도 물과 불, 선과 악, 사랑과 미움, 강함과 약함 등도 음양으로 이루어져 있습니다. 그런데 신기하게도 이렇게 반대되는 성질끼리 어우러져야만 세상은 조화를 이룹니다. 남자만 있고 여자는 없다든가, 어둠만 있고 빛이 없다면 세상은 잘 돌아가지 않아요. 음양의 조화란 이렇게 반대되는 성질이 잘 화합한다는 뜻이랍니다. 그래서 음양의 조화를 두고 하늘의 이치라고 했습니다.

봐요. 스물한 살 때 벌써 궁궐에서 벌어진 큰 행사를 그렸다고 하잖아요.

 정조 임금의 대단한 신임을 받았다면서요.

 그래요. 스승 강세황이 김홍도의 솜씨를 닦아 주었다면, 정조는 김홍도의 솜씨를 마음껏 펼칠 수 있게 했지요.

 스물아홉 살에 당시 세손이던 정조의 초상화를 그렸다고 들었어요. 그때부터 정조는 김홍도의 솜씨를 알아보지 않았을까요.

 그렇지요. 정조는 학문과 예술에 능한 임금이었습니다. 사람 보는 안목도 있었나 봐요. 김홍도의 천재성을 일찍 알아 봤거든요. 정조가 지은 『홍재전서(弘齋全書)』라는 책에는 "김홍도는 그림에 솜씨가 있어 그림에 관한 일은 모두 그를 시켰다"라는 대목까지 있답니다.

김홍도의 스승, 강세황

강세황(1712~91)의 호는 표암이며 서울에서 살다가 서른두 살에 안산으로 이사 가서 어린 김홍도를 만나 그림을 가르쳤습니다. 그는 예순한 살에야 비로소 벼슬길에 나서는데 끝까지 김홍도와 특별한 관계를 유지했습니다. 강세황은 당시 미술계의 총수쯤 되었어요. 작품을 보는 안목이 높아 많은 사람들이 강세황의 평을 받으려고 했거든요. 강세황 자신도 그림에 솜씨가 있어 많은 작품을 남겼는데 미술책에도 나오는 「영통동구」라는 그림이 유명합니다. 또한 강세황은 자화상을 잘 그려 자신의 모습을 네 점이나 그림으로 남겼습니다.

김홍도를 믿고 아예 모든 걸 맡긴 모양입니다.

도대체 어떤 일을 했는데요? 화원이 하는 일이야 뻔했잖아요. 궁궐의 온갖 잡다한 그림을 모두 맡아 그렸으니까요.

그런 건 평범한 화원들이 맡았습니다. 김홍도는 좀더 특별한 일을 했어요. 정조가 왕위에 오르자마자 규장각이란 도서관의 그림을 그려 올렸고, 정조의 어진(왕의 초상화)도 두 번이나 그렸습니다. 빼어난 경치를 직접 구경하지 못하는 임

「나비를 희롱하는 노란 고양이(황묘농접도)」, 종이에 채색, 30×46cm, 간송미술관(왼쪽 위)
「숲 속의 밝은 달(소림명월도)」, 종이에 담채, 26.7×31.6cm, 1796, 호암미술관(왼쪽 아래)
전(傳) 강세황·김홍도, 「소나무 아래의 호랑이(송하맹호도)」, 비단에 담채, 90.4×43.8cm, 호암미술관(오른쪽)

금을 위해 금강산이나 단양팔경의 경치를 그려 바쳤고, 일본에 대한 정보를 얻으러 대마도까지 가서 지도를 그리기도 했지요. 또 정조가 아버지인 사도세자를 위해 지은 용주사란 절의 후불탱화_{탱화는 절에서 부처나 보살의 모습, 혹은 불경 내용을 그려 벽에 걸어놓은 그림을 말한다. 후불탱화는 그중에서도 불상 뒤에 걸어놓은 탱화이다}까지도 직접 그렸습니다. 모두 신임이 크지 않으면 맡길 수 없는 일이지요.

🧑 그래서 나중에 중인 출신으로는 드물게 꽤 높은 벼슬까지 했나 봐요. 그게 다 뛰어난 그림 솜씨 덕분이겠지요.

👧 김홍도는 그림 솜씨만 뛰어난 게 아니었다면서요?

👦 「무동」에서 배웠잖아요. 악기도 잘 다루었다고. 피리, 대금, 거문고, 생황 등 못 다루는 악기가 없었다잖아요.

👧 다른 작품을 보니까 글씨도 무척 잘 썼던데요.

👩 그래요. 김홍도는 그림은 물론 음악과 글씨까지 모두 능했지요. 예술을 하려고 타고난 사람 같았습니다. 여러분은 김홍도가 풍속화만 잘 그린 줄 알고 있지요? 하지만 이건 일부에 불과합니다. 김홍도는 모든 그림을 잘 그렸거든요.

🧑 저는 꽃과 고양이와 나비가 있는 그림을 봤어요. 아주 예쁘게 잘 그렸던데요.

👧 맞아요. 호랑이 그림도 있어요. 정말 살아 있는 것처럼 무서웠어요.

 더 알아봐요

김홍도와 정조 임금

정조(1752~1800)는 조선 제22대 왕으로 김홍도의 삶에서 빼놓을 수 없는 사람입니다. 두 사람은 정조가 세손이었을 때 김홍도가 초상화를 그려주며 인연을 맺었습니다. 김홍도에 대한 정조의 믿음은 매우 컸어요. 정조는 자신이 지은 『홍재전서』라는 책에 "김홍도는 그림에 솜씨가 있어 일찍이 그를 알았다. 나의 초상화를 그렸으며 이후 그림에 관한 모든 일은 그에게 시켰다"라고까지 썼습니다. 김홍도 역시 "임금께서 나를 신임하기에 감격하여 밤중에 눈물을 흘리며 어떻게 하면 보답할 수 있을지 생각했다"라고 했을 정도였어요.

김홍도는 정조를 위해 많은 일을 했습니다. 그 공으로 중인 출신으로는 드물게 현감 벼슬까지 지냈지요. 김홍도에 대한 정조의 믿음도 절대적이었습니다. 현감 벼슬을 하던 김홍도가 조그만 잘못으로 탄핵을 받아 파면되자 벌을 받지 않도록 슬그머니 놓아주었고, 도화서 화원 중에서도 최고 실력자들만 모인 왕 직속 '자비대령화원'에서조차도 그를 빼내어 자유롭게 그림 세계를 펼칠 수 있도록 도와주었지요.

두 사람의 관계는 서로에게 도움이 되는 것으로 해와 달에 비유할 수가 있어요. 해인 정조가 살아 있을 때 달인 김홍도의 작품 역시 가장 빛을 발했거든요. 그런데 1800년 갑자기 정조 임금이 죽자 김홍도 역시 기운을 잃었습니다. 작품 활동도 줄어들고 경제적으로도 많은 어려움을 겪게 됩니다. 해가 빛을 잃으면 달도 빛을 잃는 법이니까요.

🧒 나뭇가지 사이로 떠오른 달 그림도 봤어요. 지난 추석 때 시골 할아버지 댁 앞산에서 떠오르던 달과 똑같이 아주 아름다웠어요.

👨 맞습니다. 김홍도는 풍속화가만은 아니었습니다. 풍속화는 물론 산수화, 화조화, 영모화, 인물화, 신선 그림까지, 모든 그림에 능한 그야말로 천재 화가였지요. 풍속화 말고 다른 그림을 통해서 김홍도의 예술세계를 이해하려는 마음이 필요합니다. 언제 다시 한 번 옛 그림 학교에서 이야기할 기회가 있을 겁니다.

여러분 수고하였습니다.

 보충학습

「군선도」에는 어떤 의미가 담겼을까

　『단원풍속화첩』의 그림은 스물다섯 점이다. 그런데 원래는 두 점이 더 있었다. 화첩의 앞뒤에 표지처럼 붙었던 「군선도」가 바로 그것이다. 이 그림은 다른 풍속화들과 내용이 다르다는 이유로 이제는 따로 보관되어 있다.

　「군선도」는 신선들이 모여 있는 그림이다. 김홍도는 신선 그림을 잘 그리기로 소문이 났고 그런 만큼 많은 '군선도'를 남겼다. 『단원풍속화첩』에 있던 「군선도」는 특히 재미있다.

　첫 번째 「군선도」에서는 신선들의 모습이 좀 이상하다. 대부분 허리를 굽힌 채 서 있다. 격한 운동이라도 하듯 동작이 매우 크다. 옷자락과 머리카락도 바람에 훌훌 날리고 있는 모습이다.

「군선도」, 종이에 담채, 27.0×45.4cm

「군선도」,
종이에 담채,
27.0×45.4cm

두 번째 「군선도」는 정반대이다. 아주 차분하고 엄숙한 분위기이다. 모두 허리를 쫘악 폈고 앉아 있는 신선도 있다. 조용히 쉬는 듯한 모습이다.

두 그림의 분위기가 너무 다르다. 그런데 찬찬히 살피면 비슷한 점도 많다. 신선 수는 똑같이 일곱 명씩이다. 동물도 각각 세 마리이다. 첫 번째 그림에서는 신선들이 모두 오른쪽을 쳐다보고, 두 번째는 왼쪽을 쳐다본다. 비슷한 구성이다. 첫 번째 그림은 다람쥐를 기준으로 왼쪽에 다섯 명, 오른쪽에 두 명이 있다. 두 번째는 사슴을 기준으로 오른쪽에 다섯 명, 왼쪽에 두 명이다. 역시 서로 맞아 떨어지는 구성이다. 이런 것으로 보아 결국 이 두 그림이 한 쌍임을 알 수 있다. 전혀 다른 분위기로 음양의 조화를 꾀한 것이다.

사실 풍속화첩에 신선 그림은 어울리지 않는다. 그런데 왜 이 「군선도」를 『단원풍속화첩』의 표지로 썼을까.

두 번째 「군선도」에 낯익은 얼굴이 나온다. 「기와이기」의 와공이다. 무릎을 세운 채 쪼그린 자세, 앞섶을 반쯤 풀어헤친 모습까지도 똑같다. 하찮은 와공이 신선이 된 것이다.

혹시 열심히 일하면 누구라도 신선이 될 수 있다는 암시가 아닐까? 신선처럼 건강하고 오래 살기를 기원하는 의미일 수도 있다. 그러니 「군선도」는 오히려 『단원풍속화첩』의 다른 그림들과 잘 어울린다고 볼 수 있다. 잊힌 두 점의 「군선도」 역시 『단원풍속화첩』의 소중한 가족이다.

「군선도」의 신선과 「기와이기」의 와공.

졸업식

축하합니다. 2박 3일의 짧은 기간이지만 한 사람도 중도에 그만두는 사람 없이 다시 이 자리에 모였군요. 여러분의 초롱초롱한 눈빛은 처음 들어올 때와 여전히 똑같습니다. 빛나는 두 눈 속에 우리 옛 그림을 가득 담아 가니 선생님은 기쁘기 그지없군요.

우리 옛 그림에는 특별한 멋이 들었습니다. 여러분은 『단원풍속화첩』을 통해 그 맛을 본 것입니다. 그 속의 풍속화는 우리 국민들이 가장 즐겨보고 사랑하는 그림입니다. 여러분은 예전에 미처 몰랐던 그 멋을 알게 된 거지요.

풍속화는 그림이 그려진 당시에는 '속화'라고 불리며 푸대접을 받았습니다. 요즘 들어서야 겨우 사람들의 관심을 받기 시작한 거지요. 풍속화에는 옛 분들의 생활 모습은 물론 희로애락의 감정까지 그대로 녹아 있습니다. 솔직하고 소박한 모습이지요. 그래서 요즘 미술사가들이 풍속화를 정선의 진경산수화와 더불어 아주 높게 평가하는 겁니다. 천대받던 그림이 오히려 각광을 받게 된 거지요.

앞으로 교과서에서 김홍도의 풍속화를 보면 그냥 지나치지 마세요. 오랜 친구를 만난 듯 반겨주세요. 여기 오지 않은 친구들에게 자근자근 얘기도 해 주세요. 그 친구들도 여러분의 이야기에 점점 빠져들 겁니다.

여러분! 2박 3일 동안 고생 많았습니다. 다음 기회에 또 만나요!

옛 그림 학교 1
김홍도의 풍속화로 배우는 옛 사람들의 삶
ⓒ 최석조 2008

| 1판 1쇄 | 2008년 11월 3일 |
| 1판 25쇄 | 2024년 2월 1일 |

지 은 이	최석조
펴 낸 이	김소영
책임편집	손희경
디 자 인	김은희
마 케 팅	정민호 박치우 한민아 이민경 박진희 정경주 정유선 김수인
제 작 처	한영문화사

펴 낸 곳	(주)아트북스
출판등록	2001년 5월 18일 제406-2003-057호
주 소	10881 경기도 파주시 회동길 210
대표전화	031-955-8888
문의전화	031-955-7977(편집부)	031-955-2689(마케팅)
팩 스	031-955-8855
전자우편	artbooks21@naver.com
트 위 터	@artbooks21
인스타그램	@artbooks.pub

ISBN 978-89-6196-022-9 04600
       978-89-6196-021-2 (세트)

* 책값은 뒤표지에 있습니다. 잘못된 책은 구입하신 서점에서 교환해 드립니다.